Gerh

Gerhard Polt
Nikolausi

Alles über Weihnachten

KEIN & ABER

POCKET

Die Texte »Nikolausi«, »Eddi Finger oder Advent«, »Abfent«, »Kindermodenschau«, »Sankt Nikolaus«, »Der Einsame«, »Der Weihnachtsneger«, »Ein Lebenskünstler«, »Die Weihnachtsgratifikation« und »Ein Lichtlein brennt« entstanden in Zusammenarbeit mit Hanns Christian Müller.

1. Auflage September 2018
2. Auflage August 2019
3. Auflage November 2020

INHALT

NIKOLAUSI

SOHN Nikolausi …

VATER Hehehe, der Kleine, hehe, nein, das ist nicht Nikolausi, das ist Osterhasi, hehehe, hehe.

SOHN Nikolausi …

VATER Hehehe, nein, das ist nicht Nikolausi, weißt du, jetzt ist ja Frühling. Es ist ja jetzt nicht mehr Winter, hehehehe.

SOHN Nikolausi …

VATER He, nein, he, das ist Osterhasi, weißt du, Oster-hasi mit den Ohrli, hehehe, der bringt Gaggi für das Bubele, hehehehe, jaja.

SOHN Nikolausi …

VATER He, nein, also, nein, nein, weißt du, das handelt sich hier nicht um, äh, um, um Nikolausi, das ist Oster-hasi, net, das ist ein Osterhasi, kein Nikolausi, gell?

SOHN Nikolausi …

VATER Ja, also, nein, jetz hör doch mal zu, net, wenn ich's dir scho sag, das ist, es handelt sich hier nicht um ein Nikolausi, sondern um ein Osterhasi, net. Jetzt sieh das doch mal endlich ein.

SOHN Nikolausi ...

VATER Ja, also, ja, Rotzbub frecher, ja, wie soll ich's dir
denn noch erklären, also so was, nein, gleich schmier
ich dir eine, net.

SOHN Nikolausi ...

VATER Ja Herrschaftseitenmalefiz, jetzt widerspricht er
ständig, net. Jetzt, jetzt hör doch amal zu, wenn ich
schon sag, äh, äh, Nik... äh, O ... äh, äh, das ist Osterhasi, net ...

SOHN Nikolausi ...

VATER Naa, das ist kein Nikolausi, net, jetzt, also, wenn
einer mal sich in einen Gedanken förmlich hineinver-
rennt, dann ist er ja wie vernagelt, net.

SOHN Nikolausi ...

VATER *schreit* Ja, also, so, ja also, du Rotzbub, net, das ist
ein Osterhasi, das ist kein Nikolausi, Osterhasi, verstan-
den, Osterhasi ...

SOHN Nikolausi ...

MEINE ERSTE REVOLUTION
(FÜR MEINEN SOHN MARTIN)

Es dauert manchmal doch geraume Zeit, bis man erkennt, dass der Nikolaus kein Heiliger, sondern ein Mensch, und der Krampus (Knecht Ruprecht, Schmutzli) ein Arschloch ist – aber ganz bestimmt kein Dämon! Die Angst vor jenen Herrn ist ein Stück guter alter Tradition und auch die Wirkung dieser Angst, die Generationen von Bettnässern erzeugte.

Ich war klein und die Macht der Nikolaustradition ungebrochen. Die Krampusse klirrten mit Ketten. Sie waren in Felle gehüllt. In ihren rußigen Gesichtern spiegelte sich das tierische Vergnügen, mit dem Ochsenfiesel sauber zuhauen zu können. Hämisch fragten die Erwachsenen: »Und? War er schon da, der Nikolaus? Bist du auch immer brav gewesen? Weil sonst kummst nei in 'n Sack!«

Ich hätte es nicht geglaubt, dass man wirklich in einen Sack hineinkommt wegen Unbravheit, aber der Ismeier Manfred, mein Kindkollege, hatte es eigenhändig berichtet.

Auf dem Land wussten wir noch nichts von devoten

Kaufhausnikoläusen und von der pädagogischen Einbahnstraße, die der Krampus als Erziehungsparameter darstellt.

Es war der sechste Dezember neunzehnhundertneunundvierzig gegen neunzehn Uhr, als sich ein Stiergehörnter auch meiner bemächtigte – obwohl ich die donnernde Frage des heiligen Nikolaus: »Bist du auch immer brav gewesen?« eindeutig und wahrheitsgemäß mit »Ja« beantwortet hatte – und mich in seinen Sack stopfte.

Ketten klickten, klackten und rasselten, Schweine grunzten und Ratten pfiffen, als ich im Sack an einem Haken im Saustall aufgehängt wurde. Ich schrie eine Ewigkeit in dieser finsteren Hölle des Onkel Hieronymus Bosch. Und manchmal wache ich heute noch auf in der Nacht, schwitzend, sehe den Krampus auf mich zukommen … und ich weiß, ich habe eine Kindheit gehabt, die kann mir keiner mehr nehmen!

Umständehalber verließ ich das Land und kam in die Großstadt zur Zeit, als wiederum die Existenzfrage: »Bist du auch immer brav gewesen?« im Raum stand.

Ein circa achtjähriger Robespierre forderte mich, den Neuling vom Land, auf:

»Und? Gehst mit, am Nikolo an Bart anzünden?«

Mir wurde schwindlig. »Einem Nikolaus den Bart anzünden?« Was heißt da »einem«? Es gibt doch nur den Nikolaus. Den heiligen St. Nikolaus! Und ihm den Bart anzünden? – Ein ungeheures Vorhaben! Vor Kurzem noch vom Krampus gejagt, frisch einem noch feuchten Bett entwichen, überrollte mich die Frage des Großstadtrevolutionärs auf 's Neue. Sie wirkte jetzt eine Spur gleichgültiger.

»Oiso, was is? Gehst jetza mit oder net?«

»Sowieso!«, hörte ich mich antworten. Mein Herz war in der Unterhose angelangt.

Kurz darauf standen wir schon vor unserer »Bastille«, der Türken-/Ecke Schellingstraße. Hundert bis zweihundert Kinder, bis an die Zähne mit Latten, Stöcken, Zwisteln und Steinen bewaffnet, harrten vor dem Portal des Studentenschnelldienstes der Nikoläuse aus.

Schon kam einer heraus. Aus allen Kehlen erscholl ein Pfuiii, ein Pfeifkonzert, kreischendes Hohngelächter. Ein Gewitter von Wurfgeschossen entlud sich in Richtung Nikolaus, welcher unwürdig behende auf einem Fahrrad das Weite suchte.

Ein neuer Schnelldienstheiliger wurde auf die Straße gespuckt, um Tradition zu verbreiten.

»Da is scho wieder oana!«, jauchzten die jungen Revoluzzer im Kampfesrausch. »Den machma fertig!«, schrien sie.

Mein Genosse und Animator reichte mir feierlich sein Sturmfeuerzeug. »Jetzt zündma eam an Bart o! Mia gebm da Rückendeckung!«

Fest entschlossen, meine jahrelange Demütigung mit einem Bartbrand zu rächen, laufe ich mit weichen Knien über die Straße, das Sturmfeuerzeug wie eine Fackel erhoben haltend. Schlachtengesänge wie »Nikolo, scheiß ins Klo!« tragen mich vor das entsetzte Gesicht des heiligen Mannes. Wieder verdunkelt sich der Himmel vor lauter Zaunlatten und Haken, Pfeilen … Wasserbomben … Eiern – es herrscht Krieg. Der Nikolaus duckt sich, macht zwei, drei schnelle Schritte und verschwindet in der Sicherheit des nahen Gemüseladens … Wumm! Ktschschk! Duiiiing! Das Schaufenster birst, ein Volltreffer! Johlen! Der Nikolaus liegt auf dem Boden, umgeben von Glas. Ein Splitter hat sein Gesicht verletzt. Rotes Blut tropft auf seinen weißen Bart. Er reißt ihn sich vom Kinn und drückt ihn auf die Wunde. Ich sehe ein junges Gesicht voller Panik.

Jetzt rollt, nach überwundener Schrecksekunde, der Gemüsehändler mit seiner enormen Wampe auf den Nikolaus zu und bespeit ihn mit einem Potpourri von Unflätigkeiten, worin er dem Wort »Drecksau« eindeutig den Vorzug gibt. Der Nikolaus entwindet sich dem Griff des Fetten und flieht aus dem Laden. Zum Glück trifft ihn sein eigener, wie ein Speer nachgeschleuderter Krummstab nicht mehr.

Das Kinderheer auf der anderen Straßenseite aber hat sich blitzschnell aufgelöst. Und ich, ich stehe da, den blutleeren Daumen auf dem Sturmfeuerzeug.

Dann geh ich heim als Sieger. Sieger einer Revolution, deren Errungenschaften unumkehrbar sind!

PS: Sachzwänge nötigen mich seit Jahren am sechsten Dezember in ein eindrucksvolles, stilechtes Nikolausgewand. Ich versuche, ein fairer, aufgeschlossener, geschenkbereiter, psychologisch hieb- und stichfester Heiliger zu sein. Nur wenn ich frage: »Bist du auch immer brav gewesen?«, beschleicht mich so ein Gefühl … Trotzdem. Schwamm drüber!

Krampus der Krampus erzeugte
Generationen von Bettnässern; pädagogische
Einbahnstraße als Erziehungspromotor;
Charakteristisch: Ketten klirren, in Felle gehüllt,
rußiges Gesicht, tierisches Vergnügen, mit dem
Ochsenfiesel sauber zuhauen zu können

NEBENWIRKUNGEN

Ich hab da so ein Ding, wegen dem Glühwein. Kennen Sie die Glühweine? Jetzt muss ich zwei nehmen, so runde Tabletten. Ja, ich hab bloß zwei Glas Glühwein, und jetzt nehm ich pro Glas eine Tablette. Aber diese Wirkungen, diese … Nebenwirkungen! »Magen-Darmstörungen wie Magenbeschwerden, Übelkeit, Erbrechen, Durchfall, Magengeschwüre mit, aber auch ohne Blutungen, im Einzelnen auch mit Durchbrüchen.« Sapperlot! »Die Häufigkeit dieser Störungen wächst mit der Steigerung der Tagesdosis.« Ist ja logisch, gell. »Überempfindlichkeitsreaktionen wie Hautausschlag, allergische Ödeme, Steigerung der Lichtempfindlichkeit der Haut, Jucken, Rötungen, Mundschleimhautentzündungen, Haarausfall, Nagelwachstumsstörungen, Kopfschmerzen.« Ja, das ist blöd, die hab ich ja gehabt. »Schwindel, Sehstörungen, Leukopenie und eine« – was – »Knochenmarksdepression! Gelbsucht«, hehe! Da hätten sie doch genauso gut »Hepatitis« schreiben können. »Störungen der Niere, akutes Nierenversagen, Wasseransammlungen, die als Ödeme meist im Bereich der Oberschenkel, aber auch als

Herz-Kreislaufstörungen, ja bis zum Herzstillstand führen können. Außerdem kann das Mittel das Führen eines
Fahrzeugs erheblich beeinträchtigen.«

Na ja, an Weihnachten bin ich sowieso daheim.

WEIHNACHTEN STEHT
VOR DER TÜR

Aus dem Leberkäse quillt der Käse
    wie ein Eiter
Der Kevin mampft ihn runter
    und spricht heiter
Was gut ist, das ist gut, dafür hab ich
    ein Gespür
Und Weihnachten steht schon vor
    der Tür
Der Gerichtsvollzieher harrt ratlos
    vor des Hauses Tor
Hätt gern noch mal vollzogen
Jedoch die Schuldnerbrust ist
    ausgeflogen
Der Vollzieher ist unzufrieden
Denn ab morgen dräut der
    Weihnachtsfrieden
Ein Schlumpf auf einem Schlitten
    hat einen Fusel mitgebracht
Mit viel Prozent aus der Destille
Heilig Abend, der wird stille

Nach langer Abstinenz
Grausig war die Insolvenz
Manche Rechnung bleibt noch offen
Doch das neue Jahr lässt hoffen
In dieser sternehagelvollen Nacht
    grölt leis ein Chor
Auch unser Kevin tritt hervor
Dulce dulce jubilo
Frieden auf Erd
Und kein Inkasso nirgendwo

RÜCKBLICKSERWARTUNG

Wenn jetzt die Kerzen brennen, dann geht's mir so, dass ich dann ganz besinnlich werde.

Das ganze letzte Jahr war für mich ein Jahr ohne Führerschein, weil man ihn mir gezwickt hat. Ich will Sie über die näheren Umstände gar nicht belästigen, weil die gehen schon im Grunde auf Jahre davor zurück. Jedenfalls war ich gezwungen, heuer, also dieses Jahr, vollkommen ohne Führerschein zu fahren. Nur wer die Bedeutung eines Führerscheins erfasst hat, weiß, was ein Leben heute ohne Führerschein noch wert ist.

Ich habe aber auch meinen Stolz und habe gesagt: »Ich laufe dem Führerschein nicht hinterher, wenn sie ihn mir nicht geben.«

Beruflich bin ich halt äußerst mit dem Führerschein verbunden, weil ich bin von Beruf ein gelernter Bootsverleiher, ich habe ja Bootsverleih studiert, bin aber durch die permanenten Sparmaßnahmen von Staats wegen und durch den Druck der ausländischen Konkurrenz selbst zu enormen Sparmaßnahmen gezwungen. Ich habe in einer Sofortmaßnahme gleich einmal alle Boote, das heißt, ich habe ja nur eines gehabt, aber das habe ich aufgelöst und damit meinen Verdienst auf ein Minimum heruntergeschraubt. Ich lebe jetzt circa zehn bis elf Prozent unter dem Existenzminimum und bin auch steuerlich dadurch enorm entlastet, und der Staat tut sich schon sehr schwer, mich auszutricksen.

Ich bin ein Mensch, der, ich weiß nicht, wie es Ihnen geht, aber ich blicke gern zurück. Es gibt Menschen, die schauen immer nach vorn, oder manche auch hinunter, ich für meinen Teil schaue zurück, das heißt, ich blicke zurück, weil lange schaue ich mir das nicht mehr an, was da zurückliegt.

Wenn ich zurückblicke zum Beispiel, dann muss man sagen, die letzten Jahre waren äußerst erfolgreich, nicht zuletzt für den Borkenkäfer. Allerdings, was dem Borkenkäfer die Zukunft bringen wird, wage ich kaum auszusprechen, weil wenn einmal kein Wald mehr da ist, dann wird's happig für ihn, und er mag halt gern einmal das Holz.

Sonst, wenn ich zurückblicke, denke ich immer noch gerne an meinen Lottogewinn zurück. Vor drei Jahren, da hab ich sieben Euro dreißig gewonnen, aber das Geld ist heute auch schon wieder verbraucht, und, ehrlich gesagt, so viel Geld war's ja auch wieder nicht. Jedenfalls konnte ich mir meine Reise nach Thailand, die ich gerne angestrebt hätte, mittels Lottogewinn nicht finanzieren. Dann habe ich gedacht, dass ich mir mit einer Organspende die Reise finanziere, mit Hergabe meiner Niere, aber da hat man keine Chance, weil die Ausländer mit ihren Innereien den Markt überschwemmen. Da können wir mit unseren deutschen Körperteilen nicht mehr mithalten, preislich.

Eine Idee von mir war noch, ob ich nicht einen Witz kaufen soll, einen Secondhand-Gag auf der Witzbörse in London, und dann bin ich gleich zur Bank wegen einer Zwischenfinanzierung von dem Witz, damit ich ihn dann mit Gewinn ans Fernsehen weiterverkaufen kann. Ich war dann auch in den Kreditabteilungen und habe ihnen den Witz vorgelegt, damit sie mir Geld drauf geben. Alle in der Bank haben dumm gelacht und haben den Witz in allen Abteilungen verteilt und geprüft, wie viel der Witz wert ist, aber Geld habens mir dann doch keins gegeben. Schade, so kommt der Witz halt nicht ins Fernsehen. Aber beim Fernsehen habens schon so viele alte Sachen, da brauchens nichts Neues, die wollen halt auf ihren alten Sachen nicht sitzenbleiben.

Die letzten Jahre waren auch sehr ertragreich für die Hausbesitzer, aber wenn sich die Wohnungssituation weiterhin so positiv fortsetzt, wissen Sie, dann bin ich schon so frei und sage: Bitte, da soll dann wohnen, wer will. Ich wohne dann nicht mehr. Ich habe in meinem Leben schon früher öfters gewohnt, ich weiß, wie's geht.

Ja, und jetzt sitze ich da und muss persönlich mit ansehen, wie die Zeit versickert und vergeht, aber wenn ich ehrlich bin, ich habe mir von der Zeit auch nie was anderes erwartet, als dass sie vergeht. Sonst wird ja überall Zeit eingespart und sogar gewonnen.

Ich kann Ihnen sagen, ich gehe sehr großzügig damit um, und das provoziert die Zeitsparer, aber ich haue ja nur meine eigene Zeit zum Fenster hinaus, und die Leute fragen sich, woher ich sie mir nehme. Das verrate ich aber nicht.

Gestern habe ich mir ein Butterbrot geschmiert und habe dazu drei Stunden gebraucht. In dieser Zeit hätte man auch auf die Kanarischen Inseln fliegen oder eine ganze Vorabendserie im Fernsehen anschauen können. Ich habe mich aber für's Butterbrotstreichen entschieden. Sicher kann man auch ein Butterbrot in drei Minuten streichen, aber das kann ein jeder, und ein dreiminütiges Butterbrot unterscheidet sich kaum von einem dreistündigen, nur im Zeitaufwand liegt der enorme Unterschied. Vielen Leuten, denen ich das dann erzähle, kommt das merkwürdig vor, ja, sie sind ratlos. Aber genau das ist es ja, was mich so begeistert: diese enorme Ratlosigkeit.

pränatale Zeit Spekulatius-Schwemme,
Kontamination der Luft durch Glühweinschwaden und akustische Verunreinigung durch
sogenannter Punschmusik; Konjunktur der
Kaufhaus-Nikoläuse

EDDI FINGER ODER ADVENT

VORSPIEL

*In seinem Bett liegt Eddi Finger, und die Ruhe der Nacht ist
der Pfad, den der Traum geht, um Eddi einen Besuch abzu-
statten. Begleitet ist der Traum von jemand, den Eddi kennen
sollte. Bisweilen wird die Stille von einem kreischenden Auto
unterbrochen, oder das Summen eines Lifts oder das Rauschen
von Toilettenwasser zeigt an, dass sich das Leben von einer
Nacht nicht fesseln lässt.*

EDDI *im Schlaf* Mein Gott, der Traum, bist du schon wie-
    der da?

TRAUM Hihihihi, jajaja freilich, Eddi. Als Traum deines
    Lebens habe ich die Pflicht, quasi dir den Weg zu er-
    läutern, denn du hast doch kaum mehr Zeit, Eddi,
    oder, ist es nicht so?

EDDI Ach du liebe Zeit, nein, ich habe sie lieb, die Zeit,
    aber immer läuft sie mir weg.

TRAUM Dafür bin ich doch da, damit du das, was sie dir
    im Geschäftsleben nehmen, erhältst. Du brauchst eben

Zeit, Eddi. Und da habe ich dir jemanden mitgebracht, der jetzt sehr viel Zeit hat für dich.

VATER Mein Lebenswerk – das Werk meines Lebens, meine Kraft, mein Ziel, mein Mein – ist zerschmolzen. Der Leichtsinn, die Liederlichkeit eines Sohnes ist wie der Föhn, der alles zernagt, was an Bedeutung, an Fantasie eines Irdischen, an Gestaltungskraft und Anständigkeit zu verwirklichen war. – Finger & Finger.

EDDI Vater, Vater … *Leiser* Papa, Papa, schon – die Geschäftswelt, ich hab ja alles probiert, aber die Konjunktur, der Markt, die Sättigung – Papa, wirklich …

VATER Und Lorenz & Lorenz, die Konkurrenz?

EDDI *jammert* … schläft nicht.

TRAUM Gleich geh ich, Eddi, und nehme deinen Papa wieder mit. Hab ich dir ein bissel Angst gemacht, gell? Aber dein Papa ist halt noch ein alter Homo Faber, der lässt nicht so schnell locker, auch wenn er wieder Zeit hat. Servus, Eddi, und viel Spaß in der Geschäftswelt.

EDDI Danke. Servus. Auf Wiedersehen.

NACHSPIEL

Martha Dinglinger sitzt im Wohnzimmer und rastet.

MARTHA Ich hab's mir alleweil gedacht, man kann es nur durchhalten, wenn einer hat, was die Geschäftswelt braucht. Aber er hätte halt kein Geschäftsmann werden sollen in dieser Welt. Er ist einfach zu gut, und das ausgerechnet an Weihnachten. Jaja, jetzt sind mir übern Berg, jetzt geht's bergab, heißt's. Ob ich mir nicht vielleicht doch – *steht auf und holt einen Sack aus der Tasche* – ein paar Sachen, ich mein, was waar des jetzt für ein Unterschied, net, wenn ich Sachen putz und statt einem Geld gleich mitnehm oder die Sachen statt einem Geld mitnehm und dann daheim putz. *Sie packt kleine Accessoires, die überall herumstehen, in den Sack. Es klingelt. Martha Dinglinger öffnet. Ein unscheinbarer grauer Mensch kommt herein und zeigt einen Ausweis.* So, sind S' schon da? Er ist noch drin, ich glaub, er schlaft noch. Aber er wird sicher bald kommen.

GERICHTSVOLLZIEHER Ja, dann werd ich mich mal umschauen. Täbris? *Fühlt den Teppich.*

MARTHA *feierlich* Ja, das ist noch ein Familienstück von der Familie.

GERICHTSVOLLZIEHER *rollt den Teppich zusammen* Den auf alle Fälle, damit er nicht mehr davonläuft!

MARTHA Haben S' schon gefrühstückt?

GERICHTSVOLLZIEHER Ja, da haben Sie recht, nein.

Martha ab in die Küche. Man hört Klimpern. Gerichtsvollzieher blickt sich um und heftet beiläufig einen Kuckuck an den Tisch, sieht dann verwundert einen schönen geschnitzten Christus an und appliziert einen Kuckuck, der das Antlitz des Herrn verdeckt.

GERICHTSVOLLZIEHER Mein Gott, ja wohin wird das noch führen, wenn das so weitergeht?!

MARTHA *aus der Küche* Sie sind aber wirklich schon früh da.

GERICHTSVOLLZIEHER Ja, und das bei dem Personalmangel. Wir sind auf solche Krisen gar nicht vorbereitet, und vor dem Weihnachtsfrieden müssen wir noch vierzig Haushaltungen vollstrecken.

MARTHA *kommt in den Wohnraum mit einem Tablett und bringt ein Frühstück* Müssen S' doch hungrig sein, wann S' immer so viel vollstrecken.

Gerichtsvollzieher langt kräftig zu, und es schmeckt ihm sichtlich. Martha betrachtet ihn mit Anteilnahme und freundlich.

GERICHTSVOLLZIEHER *mit halbvollem Mund* Von Rechts wegen dürfte ich das gar nicht zu mir nehmen, sondern müsste …

MARTHA Geh, Sie werden doch net den Kaffee …

GERICHTSVOLLZIEHER Nein, nein, den Kaffee selber nicht, aber die Tasse, wo der Kaffee drinnen ist.

MARTHA Dann kann er aber nicht mehr frühstücken, weil dann schon vollstreckt ist. Vielleicht tun Sie dann das Wapperl erst hinauf, wenn Sie die anderen Sachen erledigt haben, weil er hängt so an seinem Frühstück.

GERICHTSVOLLZIEHER Es geht alles nach Plan, da kann ich leider irgendeine Ausnahme nicht machen, da der Gang des Vollzugs, also der Vollzugsgang, per se vorgeschrieben ist.

MARTHA Gibt's da eine Vollzugsordnung?

GERICHTSVOLLZIEHER Freilich, Gott sei Dank sogar mehrere. Das ist ja das Interessante an meinem Beruf. Was glauben Sie denn, da steht eine lange Ausbildung dahinter und das soziale Engagement und viel Psychologie, Fingerspitzengefühl, Kunstgeschmack, ja, ich weiß gar nicht, wo ich aufhören soll.

MARTHA Ja, Sie kennen die Welt, gell?

GERICHTSVOLLZIEHER Ich weiß zumindest, wie sie endet. Hier – *deutet auf seinen Kuckuck* – ist die Quittung auf Illusionen und Flausen, die in einer sauberen Geschäftswelt nichts zu suchen haben.

MARTHA Er war zu gut.

GERICHTSVOLLZIEHER Da haben wir es, zu gut, sprich: Güte, das ist natürlich immer wieder dasselbe. Da kann gepredigt werden, was man will. Schärfe des Auges, gesunde Rücksichtslosigkeit, Nase für die Konjunktur, Skepsis, Fähigkeit zum Antreiben, Belauern, aber all diese Tugenden werden einfach in den Gully geschüttet. Ich frage Sie, wie soll sich denn eine ordentliche Geschäftswelt entwickeln, wenn kontinuierlich solche Ideen herumspuken und offiziell davon geredet wird? Sicherlich, es gibt eine angeborene Güte, mit der könnte man fertig werden, man sagt ja: ein guter Mensch – fast ein Depp. Aber wo kommen wir hin, wenn man die großen Gesetze der Welt einfach ignoriert?

MARTHA Ein bissel ist die Mutter schuldig. Der Vater, der war nicht so, der war noch einer vom alten Schlag. Seinetwegen hat sich doch der Wimmer erschossen. Sie wissen schon, der alte Wimmer, von Wimmer & Wimmer.

GERICHTSVOLLZIEHER *strahlt* Jaja, genau, ich erinnere mich sehr gut, der alte Herr Wimmer, da habe ich noch persönlich vollstreckt. Seine werte Frau Gemahlin hat es ja dann auch nicht mehr lange dermacht.

MARTHA Der Kummer, gell.

GERICHTSVOLLZIEHER Stimmt, ganz sicher der Kummer.

MARTHA Der alte Herr Finger hat ja quasi ein Imperium aufgebaut. Aber der Eddi – nein, nein, nein. Ich kann mich noch genau erinnern, der alte Herr Finger wollte immer haben, dass der Sohn frühzeitig lernt, wie man eine Bilanz liest. Aber die Mutter hat ihm immer alles durchgehen lassen und hat erlaubt, dass er Eisenbahn spielt, aber die Mutter war halt auch viel zu gut. Der alte Herr hat immer gesagt: »Habe ich das hier mit gesundem Menschenverstand oder mit deiner Nächstenliebe aufgebaut?« Sie hat dann immer geweint.

GERICHTSVOLLZIEHER Nächstenliebe, ja, ja, das ist die Wurzel für unsere Arbeit.

Es klingelt.

Na endlich, das werden sie sein.

Martha öffnet, zwei Packer treten ein.

Also dann, packen wir's an.

Die Packer gehen wortlos an das Mobiliar und beginnen, ein Stück nach dem andern abzutransportieren. Im Nebenraum läutet das Telefon. Eddi Finger springt aus dem Bett und nimmt den Hörer ab.

EDDI Ah so, ja, ja, verstehe – dann sagen Sie, dass es mit meiner Geduld zu Ende ist, wie – das ist doch mir gleich –, und wenn er den Offenbarungseid schwört – schließlich geht's um ein Geschäft –, wir leben doch heute – jaja, genau – mit Verzugszinsen, und wenn er ein Leben lang daran denkt –, dem hetz ich die ganze

Rechtsabteilung an den Hals – *sanfter* – gut, gut, also so machen wir's – und wie gehts Ihnen? Jaja, man will seine Ruhe haben – ja, auch Ihnen frohe und gesegnete Feiertage – schön – Wiedersehen – Wiederschaun –, und kommen Sie gut hinüber. *Er hängt ein. Steht rum und monologisiert.* Das Leben ist ein Grabenkrieg, aber es bietet auch allerhand. Sicher, man wird gedemütigt, aber das Ganze ist nun mal kein Honigschlecken. *Geht zum Adventskalender, öffnet ein Fensterl, entnimmt ein Marzipan und schiebt es sich genussvoll in den Mund, liest laut den Sinnspruch:* »In baldiger Erwartung auf 's Christkindlein tun wir gut und machen's Herzlein rein.«

MARTHA *klopft* Herr Finger, Herr Finger, da sind welche Herren da und vollstrecken, wenn S' bitte einmal kommen möchten.

Eddi Finger geht in Schlafanzug und pompösem Morgenmantel in den Wohnraum. Die Packer grüßen.

GERICHTSVOLLZIEHER Guten Morgen, Herr Finger. Entschuldigen Sie, Herr Finger, aber kraft diesen Bescheids …

EDDI Jaja, ich habe einen Fehler gemacht.

GERICHTSVOLLZIEHER Ja, ein Ausrutscher im Geschäftsleben, und schon geht's dahin. Aber so ist halt das Leben.

EDDI Ich habe immer aufgepasst, aber die Methoden der Konkurrenz werden, sagen wir, immer verfeinerter, eine falsche Investition, und schon …

GERICHTSVOLLZIEHER … sind wir da, gell? Aber verdunkeln tun Sie nichts, Herr Finger, aber wozu auch, jetzt wo Matthäi …

EDDI Dann bin ich also sozusagen …

GERICHTSVOLLZIEHER Genau, wenn Sie aber so nett sein würden und alles an Wertgegenständen, Schmuck, na ja, Sie wissen schon …

EDDI Selbstverständlich, Sie müssen nur entschuldigen, aber ich bin ein bisschen durcheinander, weil das Ganze hat doch Folgen.

GERICHTSVOLLZIEHER Natürlich! Nicht nur geschäftlicher Art, sondern auch gesellschaftlich, nicht wahr!

EDDI Wir wollten über Neujahr nach die Karpaten fahren zum Skifahren, wir sind immer in den Osten gefahren und haben dann da die Sau rausgelassen. Im Sommer haben wir in Ungarn, die ganze Clique, sechs Leute, vier Porsche und zwei BMW, jaja, wir waren ein paar tausend Kubik, jaja, da haben wir ganz schön die Puppen tanzen lassen.

GERICHTSVOLLZIEHER Ungarn kenn ich nur vom Krieg, aber da haben wir auch gelebt wie die Fürsten. Wir haben, wie man so schön sagt, immer organisiert.

Die Packer tragen ein großes Stück hinaus.

Haben Sie vielleicht schon dran gedacht, auszuwandern? Vielleicht Südafrika oder sonst wohin?

EDDI Ja, irgendetwas muss ich mir schon einfallen lassen. Ich hab einen Bub, der hätte studieren und dann einmal das Geschäft übernehmen müssen. Diplom-Volkswirt vielleicht, den Doktor machen oder so was, hab ich mir halt gedacht, irgendwie.

GERICHTSVOLLZIEHER Bildung ist halt ein Fundament.

Ich hab eine Tochter, die macht jetzt auch das Abitur, weil ohne Abitur, hab ich zu ihr gsagt, hat ja alles keinen Sinn mehr. Weil, die Zeiten ändern sich, und dann hat sie wenigstens Abitur. Das akzeptiert sogar der Amerikaner oder auch der Russe.

EDDI Ja, genau. Wir haben ja fast alles, hab ich gedacht. Eine moderne Einbauküche, Teppiche, Antiquitäten, jetzt hab ich gedacht, auf das Abitur kommt es auch nicht mehr drauf an.

Eleonore Finger, aufwendig gekleidet im Leopardenmantel, erscheint mit Sohn Freddi, der ebenfalls modern und superlässig erscheint.

ELEONORE Was ist denn hier los?

EDDI Jetzt sind wir so weit.

ELEONORE Du bist eine Flasche. Ich hab's immer gewusst. Wo ist mein Schmuck?

FREDDI Papa, krieg ich ein Geld oder einen Scheck?

ELEONORE Lass dir von deinem Vater ja keinen Scheck andrehen, er ist pleite!

FREDDI Von meinem Papa nehm ich schon einen Scheck, gell, Papa?

EDDI Ja, lass dir Zeit, du kriegst schon was. Du hast immer noch was gekriegt zum Gabentisch.

ELEONORE Ich habs kommen sehen. Du und ein Geschäftsmann! Aber nie und nimmer. Auch der Zeitpunkt ist natürlich wieder gut gewählt. Jetzt, wo es auf Weihnachten zugeht.

GERICHTSVOLLZIEHER Ja, gnädige Frau, wenn ich mir erlauben darf, aber es scheint im Wesen der Katastrophe zu liegen, sich an keinerlei Termine zu halten.

ELEONORE Aber in der Weihnachtszeit, das ist ein starkes Stück, wo sonst nur von einem Boom geredet wird, ausgerechnet da macht der Pleite.

FREDDI Papa, kannst jetzt mei Ausbildung nimmer zahlen, Papa?

ELEONORE Dass er sich untersteht, du wirst ein Akademiker.

GERICHTSVOLLZIEHER Das Abitur und ein Studium sind ein Fundament, wenn ich amal so sagen möcht, ohne so etwas hat man heute kaum mehr Chancen. Das, was man da investiert, das lohnt sich.

EDDI Freilich, da brauchen mir gar net diskutieren, net, des ist doch klar, ein Studium, sowieso.

ELEONORE Das lasse ich bei Gericht bestätigen, und was ich monatlich krieg, darüber reden wir noch, und jetzt will ich meinen Schmuck, lass dir ja nicht einfallen, so zu tun, als könnte er dir gepfändet werden.

FREDDI Papa, gib mir halt an kloana Scheck wenigstens, i muaß doch Weihnachtspräsente beschaffen.

EDDI Jetzt wart halt, Bub.

ELEONORE Mein Gott, wenn ich an frühere Weihnachten denke, voriges Jahr waren wir in Las Palmas, in einem guten Hotel, da haben wir schick gegessen, alles wirklich fein arrangiert, war auch nicht dieser Pauschalcharakter, und es hat wirklich einen Pfiff gehabt, das Ganze.

GERICHTSVOLLZIEHER Da unten soll es wirklich sehr schön sein, eine feine Paella zu Weihnachten am blauen

Meer, das wär schon was, aber bei uns, o mein Gott, ich komm ja auch kaum mehr weg, weil Weihnachten ist halt immer so ein Familienfest.

ELEONORE Wie ich hier die Lage so sehe, wird's heuer auch so was wie ein Familienfest, aber ohne mich.

GERICHTSVOLLZIEHER Ich ess meistens nur ein paar Würstl, gell, und dann geh ich ins Bett, weil am andern Tag gibt's doch die Gans, und das ist immer sehr anstrengend. Aber sonst machen wir alles wegen der Tochter, aber wenn die das Abitur hat, dann lassen wir es bleiben. Aber solange sie noch in die Schule geht, braucht sie halt ein Heim, und da gehört Weihnachten dazu irgendwie.

FREDDI Papa, kriag ich hernach an Scheck dann wenigstens?

ELEONORE Jetzt lass ihn halt in Ruhe. Siehst du nicht, dass er pleite ist?

MARTHA Mein Gott, ich find halt, Weihnachten, mein Gott, des is halt, irgendwie, mir essen immer einen Fischsalat, und mein Mann trinkt gern ein Bier. Mir machen dann immer das Fernsehen an, aber grad um die Weihnachtszeit ist das Programm nicht besonders. Weihnachten und Allerheiligen rentiert sich's kaum, dass man reinschaut.

GERICHTSVOLLZIEHER Weihnachten ist mehr was für Geschäftsleute, aber die sind halt müde dann am Abend und wollen ihre Ruh. Besser wär's wirklich, man flöge weg, Bahamas oder so.

ELEONORE Wo ist jetzt eigentlich mein Schmuck?

EDDI Der Schmuck, ja, äh, der …

ELEONORE Mein Schmuck, ich habe es fast geahnt, ich
hätt's mir denken können, mein Schmuck – schon be-
vor wir geheiratet haben, habe ich deinen Charakter
gekannt, ja, ich hab's gewusst, dass du einmal in ein
Schlamassel reinrasselst. Ja, früher, als das Geschäft noch
florierte, da warst du ganz der feine Max – geht pleite
und verpfändet meinen Schmuck!

EDDI Aber schau, das kann einem jeden passieren – ich
bau halt wieder was auf.

ELEONORE Was ich alles erduldet habe – deinem Herrn
Vater war ich ja nicht gut genug, ich habe ja kein Geschäft mit in die Ehe gebracht, ich sollte ja nur daheim
sitzen, nicht mitarbeiten, damit man nicht meint, ihr
hättet's nötig, aber jetzt, das sage ich dir, ich gehe, und
der – *deutet auf Freddi* –, der macht das Abitur.

EDDI Aber schau, Schatzi, reg dich doch nicht so auf –
rein menschlich ist doch immer alles in Butter gewesen, oder? Ich hab doch immer einmal was springen
lassen, das kann mir keiner nachsagen. Ich hab auch
daheim immer gsagt, das wäre ein Schmarrn, wenn sie
was gegen dich hätten, weil ich hab immer gsagt, dass
menschlich, hab ich gsagt, bei uns einfach alles läuft.

FREDDI Papa, lassts eich jetzt wirklich scheiden?

EDDI Du geh – das geht dich gar nichts an, misch dich
net rein.

FREDDI Aber die Mama sagt, dass du de Freindinnen, die
wo du hast, dass du dene immer ein Geld gibst, und
zwar nicht z'wenig, und mir gabadst koan Scheck.

EDDI Deine Mutter redet immer so Sachen, und außerdem geht dich das gar nichts an.

Es klopft. Martha Dinglinger öffnet, ein Briefträger kommt.

POSTLER Guten Morgen!

ALLE Grüß Gott! Guten Morgen!

POSTLER Herrn Finger, auch ein Einschreiben ist dabei – hoffentlich nichts Schlechts. *Staunend* Äh, ziehen Sie aus, jetzt vor Weihnachten?

EDDI Nein, eigentlich nicht, es ist bloß eine Umdisponierung, eine moderne Gesellschaft ist halt mobil.

POSTLER Ja, genau.

EDDI Weihnachten nimmt ja auf uns auch keine Rücksicht.

POSTLER Ja, genau.

EDDI Es ist heute eh alles im Umbruch, wo keiner mehr an nichts glaubt.

POSTLER Genau.

EDDI Ein jeder fordert, aber leistn wollns nix.

POSTLER Genau wie Sie sagen – arbeiten wollns nimmer, und jetzt machens alle ein Abitur, weils nix mehr tun wollen.

EDDI Genau. Also dann, frohes Fest!

POSTLER Ja, dann auch Ihnen dasselbe, und kommen S' gut hinüber.

EDDI Sie auch.

GERICHTSVOLLZIEHER Frohes Fest also dann.

PACKER Frohes Fest.

ELEONORE Frohes Fest.

Während Eddi dem Kuvert einen Zahlungsbefehl entnimmt.

POSTLER Frohes Fest! *Geht ab.*

ALLE *etwas gestaffelt* Frohes Fest!

EDDI Das ist wirklich gemein.

GERICHTSVOLLZIEHER Aha, ein neuer Schritt bahnt sich an?

EDDI Man hat seine Ruhe nicht mehr, es macht einem wirklich keine Freude mehr manchmal.

GERICHTSVOLLZIEHER Sie hätten Beamter werden sollen, wegen der Sicherheit. Ich glaube ganz einfach, dass es egal ist, welchen Beruf man hat, man muss ihn jedenfalls absichern. Ein Kusaa von mir, dem sein Sohn möchte Humorist werden, aber mein Kusaa hat gesagt, er erlaubt's nur, wenn er damit wenigstens auch in die mittlere Beamtenlaufbahn kommen kann. Mein Kusaa sagt, dass wenn einer A 13 ist, dann kommt er schon über die Runden, Witze machen kann er dann immer noch, und wenn keiner mehr darüber lacht, könnens ihn allerhöchstens versetzen. Irgendwo gibt's immer welche, die wo einen Witz gern hören wolln.

EDDI Genau. Sie haben schon recht, ganz genau …

GERICHTSVOLLZIEHER Wenn er Beamter ist – hat der Kusaa gesagt –, braucht er mit zweiundsechzig keinen Witz mehr zu machen, und er kann sich zurückziehen. Fehler kann er überhaupts keine großen machen, weil das, worüber die Leute lachen, praktisch feststeht. Es gibt da Erfahrungswerte.

FREDDI Papa, was ist denn, krieg ich jetzt dann einen Scheck?

GERICHTSVOLLZIEHER Geben S' ihm halt einen, auch wenn er nicht gedeckt ist, weil Sie als Vater brauchen sich da nicht fürchten, in Misskredit kommt höchstens die Bank.

ELEONORE Sie haben recht, was kann denn das Kind dafür, wenn der Vater pleite ist. Soll die Bank ruhig haften – die, wenn sie einen Funken Anstand haben, geben dem Kind das Geld …

Willi und Ada kommen herein, indem sie sich an den Packern vorbeischmiegen.

ADA Hallo, hallo, was ist denn bei euch los, man meint, der Jüngste Tag ist angebrochen! Na, trefft ihr die Vorbereitungen zum Fest? Habt ihr schon alle eure Präsentchen versteckt? Hihihi …

EDDI Servus, Ada, servus, Willi!

MARTHA Die Nikoläuse sind aber auch nimmer das, was sie früher waren, mit einem Krampus, der wo für Ordnung gesorgt hat. Früher, da haben die Krampusse Ochsenfiesel gehabt, und wenn man erwischt worden ist, dann hat's gestaubt. Bei uns daheim war jetzt auch ein Nikolaus da, aber die erzeugen ja gar keinen Respekt mehr. Als er da war – sicher war's einer vom Studentenwerk –, hat er gesagt, wir sollten während der Zeremonie den Fernseher ausmachen. Wir haben dann gesagt, dass wenn er schon so wenig Angst einflößt, quasi dass des Kind lieber zum Fernseher hinschaut als zu ihm, dann wärs sowieso schad um's Geld.

FREDDI Servus beinand. *Geht ab.*

EDDI Aber die alten Bräuch sind halt kaum zum Umbringen.

GERICHTSVOLLZIEHER Jaja, früher, da war etwas los, wenn ich daran denk, als Kind, man hat einen Respekt gehabt. Das waren eben alles noch Erziehungs… oder jedenfalls, man ist auch etwas geworden, und ich glaub, dass wenn einer einmal – *demonstriert Schläge* –, dann würde er schon die Löffel spitzen. Was eine anständige Kindheit ist, wissen die gar nicht mehr.

EDDI Ja, genau – wenn ich da nur an Weihnachten denk.

GERICHTSVOLLZIEHER Apropos – *Bestandsaufnahme* –, den Adventskranz können wir dalassen, damit S' ein Lichtlein anbrennen können.

Während die Packer wieder ein Stück raustragen, gehen der Gerichtsvollzieher und Eddi ins Schlafzimmer. Ein Herr vom E-Werk erscheint und trifft Martha Dinglinger, die aus der Küche kommt.

E-WERKSMENSCH 'tschuldigen S', bei Finger?

MARTHA Der Chef is, glaub ich, da, der kommt gleich. Warum?

E-WERKSMENSCH Ich hab einen Bescheid, ich soll zudrehen.

MARTHA Is schon recht, danke, ich richts dann aus, gell?

E-WERKSMENSCH Gut, dann also, Wiederschaun und ein frohes Fest!

MARTHA Ihnen auch, gell! *Geht ab in die Küche.*

EDDI *kommt ins Wohnzimmer; zum Gerichtsvollzieher* Wir waren doch der Motor von dem Ganzen, und von uns hat alles gelernt, net wahr?

GERICHTSVOLLZIEHER Genau.

Die Packer räumen das Schlafzimmer aus.

EDDI Mein Gott, und dann das Personal heute, das ist zum Verzweifeln, net, und bei die Türken und so was, des muss man alles anmelden, des is … drum mögn mir nimma investiern, net.

GERICHTSVOLLZIEHER Ja eben.

EDDI Die tragende Schicht, net, die wo, praktisch irgendwie, äh … kriegt nix wie Schwierigkeiten. Mir haben doch irgendwie des ermöglicht, auch für die Kultur. Mir haben ein Theaterabonnemaa ghabt, aba ich bin fast nie reingangen, weil ich ja keine Zeit hab, aber mit dem Abonnemaa hab ich alles mitfinanziert. Wenn mir irgendwo auswärts beim Essen waren, haben mir doch nicht immer aufgepasst – ein bekannter Spezi von mir, der wo ein Lokal hat, der klagt auch, es dauert wirklich lang, sagt er, bis einer kommt heute, sich gemütlich hinsetzt, einen Sekt der oberen Klasse trinkt und dabei ein Geld nicht anschaut. Das Verdienen macht gar keinen Spaß mehr, weil s' as einem doch wieder nehmen. Und jetzt, Sie haben's gesehen, meine Frau springt auch ab, obwohl ich mich nie hab lumpen lassen. Wie s' des ghabt hat mit derer Zyste, net, hab ich gsagt, ich zahl ihr auch den Professor Moser, hab ich gsagt, und wenn ich's mit der Geschäftsentnahme finanzier.

GERICHTSVOLLZIEHER Ach ja, der Moser! Links der Isar.

EDDI Genau. Der is narrisch gut, ich mein, der Lanzinger is auch gut, aber mehr bei Allergie, und ich hab alles zahlt. Tagessatz und so, alles in Butter. Ich glaub,

sie is im Grunde nur deshalb beleidigt, weil sie mit-
gekriegt hat, dass ich meiner guten Bekannten – Sie
verstehn – eine Lebensversicherung gschenkt hab zu
ihrem Geburtstag, und einen Abort hab ich ihr auch
einmal zahlt. Aber meine Frau braucht sich nicht zu
beklagen, weil an einer finanziellen Nestwärme hab
ich's niemals fehlen lassen.

MARTHA *kommt aus der Küche* Herr Finger, also, ich glaub,
dass fast alles, was wegkommt, sauber is. Soll ich den
Teppich noch klopfen?

GERICHTSVOLLZIEHER Nein, das ist uns gleich, das
braucht's nicht, weil bis zur Versteigerung ist er wieder
staubig.

EDDI Ja, wenn's halt nur noch einmal sein könnt, dass
ich noch einmal was aufbau, dann kauf ich mir wieder
einen Perser, das ist schon was Schönes und eigentlich
preiswert, wenn man denkt, dass da hinten eine Familie mit die Kinder ein paar Monate dran arbeitet, ich
möcht's nicht machen. Wie mir in Algerien waren, im
Hotel, da haben mir von der Terrasse immer ins Armenviertel reinschaun können. Ja, mir hatten die Wahl,
Blick auf 's Meer oder ins Armenviertel. Mir haben
ein Doppelzimmer ghabt und haben halt immer ab-
gewechselt, da haben mir dann auch gsehn, wie so ein
Teppich praktisch gmacht werd, und des Ganze ist auch
noch irgendwie rustikal. In Hongkong, da habens auch
ein Armenviertel, aber von der Lage net so schön. Es
weht auch zu stark der Gestank her, da müsste halt was
gmacht werden. Mei, andere Länder, andere Gerüche,
gell?

GERICHTSVOLLZIEHER Ja, da haben Sie recht. Der Deutsche ist halt doch kein Ausländer.

EDDI Genau.

Das Licht geht aus, graues Halbdunkel vom Tageslicht.

GERICHTSVOLLZIEHER Naa, also – ja Herrschaft …

Man hört die Packer stolpern.

EDDI Ach, du lieber Gott, ist es schon wieder so weit?!

GERICHTSVOLLZIEHER Ja, wie soll denn bei der Finsternis ein Amtsvollzug pünktlich erledigt werden? Haben Sie keine Lichtrechnung mehr bezahlt?

EDDI Eigentlich schon lange nicht mehr. Die vom E-Werk reagieren prompt.

GERICHTSVOLLZIEHER Ein Licht, wir brauchen ein Licht!

MARTHA Ja. Ich hab's schon – Zündhölzer!
Zündet Adventskerze an.
Kleine Pause.
Es is einem ganz traurig, wenn ma sieht, wie traurig des eigentlich is.

GERICHTSVOLLZIEHER Bei dem Licht merkt man kaum, dass es hier fast leer ist.

MARTHA *weint* O mei, wenn ich daran denk, was noch werden soll.

EDDI Passieren kann Ihnen nix, weil mir sind ja schließlich im zwanzigsten Jahrhundert, net.

GERICHTSVOLLZIEHER Gute Frau – Sie brauchen Ihnen nichts zu denken, es hat Jahrhunderte gedauert, bis mir schließlich so weit gekommen sind bis heute, verstehn S'?

Von draußen anschwellender Gesang von Sternsingern.

Wir singen euch die alte Mär,
Die zu begreifen ist gar nicht schwer.
Im Finstern draußt scheint hell und klar ein Stern,
Die Hoffnung, die Hoffnung, die brauchen wir sehr.
Der Heiland im Kripperl, den haben wir gern,
Der Heiland ist der Sohn, den d' Maria gebar.

EDDI Muss i denen was geben?

MARTHA Vielleicht jedem ein Zehnerl.

GERICHTSVOLLZIEHER Vielleicht einen Scheck? Aber mir gilt der Besuch ja nicht, weil ich ja dienstlich da bin.

MARTHA Geh, aber Sie ham doch auch ghört, wie schön feierlich dass die gsungen haben!

GERICHTSVOLLZIEHER Ich hab's vernommen, aber mehr als Begleitumstand.

EDDI *gibt einen Scheck* Aber net einlösen, der is bloß zum Anschaun, gell?

Sternsinger gehen singend ab.
Inzwischen ist alles leer geräumt.

GERICHTSVOLLZIEHER Ja, ich glaube, meine Leute, wir sind auch so weit. – Herr Finger, des war quasi sehr, Sie verstehn – irgendwie, mein Gott, aber trotzdem schöne Tage noch, und kommen Sie gut hinüber.

EDDI Danke, sehr freundlich, Sie auch, es war wirklich –
Sie verstehn.

GERICHTSVOLLZIEHER Danke, alles Gute auch weiterhin!

Packer nehmen noch Reste mit und den Teppich.

STIMME *von draußen* Ja, bitte, wenn Sie dem Herrn Finger Bescheid geben würden, die Heizung wird jetzt
abgeschaltet.

MARTHA Herr Finger, es wird zugedreht, die Heizung …
Ich glaub, ich muss jetzt auch – wissen S', mein Mann
kommt heim, und dann krieg ich Angst, wenn ich …

EDDI Schon gut, Frau Dinglinger, und wenn wir uns
nimmer sehn, kommen S' gut nüber und guten Rutsch.

MARTHA Ja, Ihnen auch
In der Stille: »O du fröhliche …«

*Die Packer erscheinen noch mal und wollen ihr Trinkgeld ab-
holen. Eddi kramt in seinem Morgenmantel, findet kein Geld,
aber auch keine Streichhölzer. Er bittet die Packer um Feuer.
Ein Packer reicht ihm ein Einwegfeuerzeug. Eddi zündet die
Kerzen des Adventskranzes an. Die Sternsinger singen immer
noch: »… o du seligehe, gnadenbringende Weihnachtszeit …«*

Jingle Gebell abfentliche Geräusche,
die mit Hilfe von Glühwein Migräneanfälle und
Übelkeit generieren

ABFENT

Ein idyllischer, verschneiter Bauernhof in Oberbayern, Spät-
nachmittagsstimmung, es wird bald dunkel, im Bauernhof sind
die Lichter an, in der Stube blaues Fernsehlichtflimmern. Die
sakralgedämpfte Reporterin steht dem besoffenen Gschwendtner-
bauern im Hof gegenüber.

GSCHWENDTNER Abfent, Abfent,
  ein Lichtlein prennt,
  Abfent,
  hein Lichtlein preennt …
  Gschwendtner gönnt sich wieder einen Schluck Bier, rülpst,
  torkelt.

REPORTERIN Ja, das war sehr schön, und nun schreitet der
  Herr des Hofes, Herr Gschwendtner, auf uns zu, und
  nun gleich die Frage: Äh … Herr, ah …
GSCHWENDTNER Ja?
REPORTERIN Herr Gschwendtner, Advent scheint ja auch
  im Oberbayerischen …
GSCHWENDTNER Ja.

REPORTERIN … eine alte, uralte Tradition zu sein.

GSCHWENDTNER Ja, des is wahr, Abfent, net, des is quasi aso, ein Abfent, net, ohne einen Abfent, des waar praktisch so gut wia überhaupts kein Abfent. Und drum, mir können's auch kaum mehr derwarten.

REPORTERIN Das ist hochinteressant, was Herr Gschwendtner uns hier erzählt … Und was ist nun das Typische an dieser typisch bayrischen, uralt-christlichen, äh, Tradition?

GSCHWENDTNER Ja mei, es is doch aso, net, sagen mir amal, mir können's halt kaum mehr derwarten, weil bis mir allweil Abfent feiern, net, mir ham also, ah Ding, as Fruahjahr, net, is dazwischen, nacha hamma an Fruahsommer, net, a geht's in Sommer nei …

REPORTERIN Herr Gschwendtner, äh …

GSCHWENDTNER Wia? *Rülpst.*

REPORTERIN Nein, nein …

GSCHWENDTNER Was is?

REPORTERIN Nichts.

GSCHWENDTNER Is was?

REPORTERIN Nein, ah …

GSCHWENDTNER Wos wolln S' denn nachert? Oiso, ah, an Summa hamma scho ghabt, net, nachert kimmt da Spaatsumma, des geht ja quasi bis in 'n Herbst, net, und nachert is allwei no a Zeit lang hin, gell, bis dass ma sagn kunnt, dass's asoweit is, und wenn ma nachert an Abfent ham, ah, nachert sagt ma si, ja, jetzad, net, also jetzt samma so weit, dass's bald is, und mir können's ja kaum mehr derwarten, net, weil mir scho ganz unruhig und nervös san – bis's so weit is.

REPORTERIN Ja, das ist verständlich, äh … Sie haben hier in alter Tradition … gibt es wahrscheinlich irgendwelche spezifischen Backwaren an Advent. Gebäck? Oder gibt es was Besonderes, was Sie in diesen festlichen Tagen zu sich nehmen?

GSCHWENDTNER Ja mei, gell, mir trinken an Abfent, also, da essen mir – an Schweinsbratn gibt's, net, und an Knödel, wie an und für sich sonst auch, mir trinken ein Bier, ah, i trink allweil praktisch, ich hab also, mir ham also des in dem Sinn jetzt nicht … aber Abfent, sagen mir mal, is doch, ah – die Zeit der Erwartung. *Trinkt.*

REPORTERIN Schön. Sehr schön. Advent heißt: Erwarten. Und worauf richtet sich eigentlich die Erwartung, Herr Gschwendtner?

GSCHWENDTNER Ja mei, des is aso, net, wenn's so weitergeht, nacha samma bald im Fasching drin, net, und dann, des is ja doch eine Zeit, wo man sich darauf besinnt, net, weil's ja nachert doch ernst wird. Und des is, man muss sich schon Gedanken machen, ich mein, warum man auch, sagen mir mal, vom Herzen des kimmt, und mir also doch des auch ernst nehmen.

REPORTERIN Ja, wir wollen diese Andacht nicht zerstören, und nun singt uns Herr Gschwendtner noch eines dieser herrlichen inbrünstigen Adventslieder.

Die Reporterin gibt Gschwendtner einen Zwanzigeuroschein.

GSCHWENDTNER *verstaut das Geld und singt dabei* Abfeend, Abfeend, hein Lichtlein preennt … Sie, des duat ma leid, i muaß jetzt nei, d' Sportschau fangt o … Abfend,

hein Liechtlein … *Er stolpert und fällt hin* Sacklzement-
zefixhallelujahimmiarschundzwirnvareck!!!

REPORTERIN Wir bedanken uns, und damit geben wir zurück ins Studio.

FRAU LEIM ERZÄHLT

Wir sind halt ein mittelständischer Betrieb, ich meine, das geht von Generation zu Generation. Und immer wieder muss man sich neuen Herausforderungen stellen, aber so Spitz auf Knopf wie heute war's noch selten, obwohl man meinen könnte, die Auftragslage an sich ist nicht schlecht, aber unsere Krise kommt nicht von außerhalb, im Gegenteil! Ich meine, der Großvater meines Mannes hat zwar damals eingeheiratet, und sie waren ja auch nur eine kleine Klitsche, halt ausschließlich handwerklich für Jagdwaffen, auch Bajonette und so, aber im Grunde ein Kleinhandwerk halt. Und erst als der Großvater gesagt hat, in der Waffenproduktion, da wär eine Musik drin, da hat sich das Blatt gewendet. Er war halt a Visionär und eine Gschichte hat er immer gern erzählt, da wo einer einem Ritter einen Dreizack durch die Brust gerammt hat – das war damals eine ganz neue Erfindung – und der dann im Sterben gesagt hat: »Sapperlot, san des die neuen Dreizacke? Enorm!« Hihi! Und er hat dann eigenhändig, weil ein Bastler war er ja, einen Flammenwerfer angefertigt, und mit dem haben wir dann auch reüssiert. Und beim General, also dem damaligen General von Löffel, wurde er ja dann auch so was wie a Hoflieferant, jedenfalls kam dann der Durchbruch. Und ich mein, den Flammenwerfer, den gibt's ja heute noch, also nicht im Krieg, aber man kann damit Insekten ausräuchern oder Glatteis wegschmelzen, also durchaus … ja und dann kam der Zweite Weltkrieg. Der war zwar für die Auftragslage sehr erfolgreich, aber vom Verdienst her eher mager, obwohl man genügend Arbeitskräfte aus dem Osten hatte. Was man sich heute übrigens fast nicht mehr vorstellen kann – der Großvater war nicht in der Partei, musste auch folglich hernach fast überhaupt nicht entnazifiziert werden, und das war der Grund, warum der Betrieb nach dem Zusammenbruch schnell wieder Fuß fassen konnte. Und mit unserer Tellermine konnten wir dann bei der Suezkrise und im Algerienkrieg, aber auch in Korea, unsere Firma ganz schön über Wasser halten. Und dann, nach dem Tod vom Vater, also vom Großvater, da musste mein Mann in den Ring steigen.

Seine Devise war: Qualitätsprodukte und sich in der Welt umschaun. Ich mein, Sie wissen doch, die andern warten nicht auf uns, die machen ihre Kriege notfalls auch ohne uns. Kaschmir – damals noch belgisch Kongo, Ceylon, Formosa und so weiter, dann Falklandinseln, – auch die Engländer haben unsere Produkte sehr geschätzt.

Heute sind die Anforderungen natürlich ganz andere Kaliber mit dieser distinguished weapon … Schmetterlingsbomben hat mein Mann übrigens nie hergestellt, weil er sagt, dieses ewige Hin und Her, – mal ächtens e, dann sinds wieder dafür, lieber sagt er ökologische Waffen, wo der CO_2-Ausstoß gering is. Also, wie auch immer … wir sind ein gesunder Familienbetrieb und werden keine Aktiengesellschaft. Handwerkliches Können bleibt Grundvoraussetzung. Wir suchen und sind auch ein lukrativer Arbeitgeber für Ballistiker, Elektroniker und Künstler, die was von Design verstehn. Wir bilden auch aus, und so gesehen haben gerade junge Menschen bei uns einen gesicherten Arbeitsplatz, und dass es ständig Krisen gibt auf dieser Welt, darauf können wir uns verlassen. Wir sind sozusagen krisenfest!

Das Einzige is halt, die Entwicklungskosten nehmen zu und die Frage, was will ma eigentlich vernichten? Mein Mann geht jetzt scho immer auf so Seminare, weil ma muss am Ball bleiben. Massenvernichtung ist heute viel zu primitiv, das gibt's schon lang. Hightech, sagt mein Mann – da gibt's noch große Felder zum Beackern, aber die Finanzierung? Und da bin ich beim Punkt. Diese Bankenkrise! – Bis so ein Bankler amal kapiert, welche Bombe welchen Kredit braucht. Und wann sie sich bezahlt macht, das is nicht so leicht zu errechnen wie ein Einfamilienhaus. So a Entwicklung kostet a Schweinegeld und wenns in Serie geht, dann sollerts mindestens für 1 Million Schaden verursachen, dass sie sich rentiert, und das muss ein nachprüfbarer Sachschaden sein. So wie früher, einfach Bomben abwerfen, das geht heute nicht mehr, da sind schon die Rechnungshöfe und dieser Bund der Steuerzahler dagegen. Und wenn S' da drunten über eine Fernsteuerung vom Satelliten aus an Personenschaden verursachen, nichts gegen die armen Leute, aber die sind ja nicht amal versichert, also kann ein Schaden kaum angerechnet werden, und das ist es, warum diese Banker so zäh sind.

Ich zähl jetzt auf 's Weihnachtsgeschäft, weil im Sudan und nochwo, da spitzt sich's zu, und dann können wir alle wieder aufatmen.

DER KONSUMVERWEIGERER

Ein Kaufhaus-Weihnachtsschaufenster. Spielwarendekoration. In der Dekoration sitzt ein Nikolaus. Am Telefon neben ihm ein Weihnachtsengel mit einer Lichtschleife im Haar, wo Glühlampen der Reihe nach blinken. Um die beiden fährt eine elektrische Eisenbahn regelmäßig im Kreis herum. Vor dem Schaufenster ist das andere Ende der Telefonleitung. Herr Ranftl, der Nikolaus, telefoniert gerade mit einem Kind.

RANFTL So so, du willst also dieses Spacemonster. Willst du den Skelleton oder Captain Djuri? *Er hebt beide hoch.*

KIND *deutet auf Skelleton* Den da.

RANFTL *führt Skelleton vor, dabei zum Kind* Jaa, da machst du ein Kreuzchen auf der Kinderland-Weihnachtspostkarte, und wenn dann deine Mami noch unterschreibt, kann es durchaus sein, dass das Christkind an dich denkt und dir diesen schönen Skelleton hier …
Die Mutter unterschreibt, sieht sich um. Der Engel nimmt ein Mikrofon. Über Lautsprecher nach draußen:

ENGEL In die Rohrpost bitte. Zahlung ist dann per Nachnahme.

Die Mutter entdeckt den Rohrpostschlitz. Die unterschrie-
bene Rohrpostkarte landet beim Engel. Der Engel wirft sie
in einen Karton.

Herr Sobotka, Geschäftsführer, schaut von hinten in die De-
koration.

SOBOTKA Alles in Ordnung, Herr Ranftl?

RANFTL Ja, es geht zach. Erstaunlich wenig Kinder un-
terwegs.

SOBOTKA Naja, machen Se mal. Wo ist die Musik?

Der Engel dreht die Kinderchorweihnachtsmusikkassette um.
Ein Kind steht vor der Auslage. Der Nikolaus hebt den Hö-
rer ab. Draußen klingelt es. Das Kind hebt ab.

RANFTL Jaa, hier spricht der Nikolaus. Wie heißt denn
du, kleiner Mann?

Die Mutter zerrt das Kind vom Telefon weg, der Hörer bau-
melt am Boden.

ENGEL *steht auf, ruft nach hinten* Herr Sobotka, Herr Sobotka! As Telefon …

Eine Mutter mit zwei Kindern, eins im Kinderwagen, steht
vor der Auslage.

Der Engel nimmt das Mikrofon. Über Lautsprecher: Gnä'
Frau, sin S' bitte so freundlich und gebn S' der Kleinen
den Telefonhörer.

Die Mutter gibt dem Kind den Hörer.

Sobotka taucht auf, sieht nach und verschwindet wieder.

RANFTL Jaa, grüß dich, meine Liebe, hier ist der Nikolaus.
Wie heißt du denn? – Hast du schon deinen Wunschzettel für das Christkind fertig? – Schau doch mal her,
was das Christkind alles für dich bereithält. Hier eine
Puppe, die kann sprechen …

DIE PUPPE *quäkt* Mami – Mami – Mami.

Ein Passant mit einem riesigen Köter bleibt neben dem Telefon stehen. Das Kind erschrickt.

KIND Mami, Mami …

Die Mutter bringt ihre beiden Kinder in Sicherheit, der Telefonhörer baumelt wieder.

Im Idealfall entleert der Hund ans Schaufenster.

ENGEL Herr Sobotka! Herr Sobotka!

Zwei Handwerker tragen eine Riesenspanplatte, lehnen sie ans Schaufenster. Fast die gesamte Dekoration ist abgedeckt. Ein Handwerker vergleicht Adresse mit Lieferschein. Der andere isst den Rest seiner Wurstsemmel. Der Nikolaus und der Engel verschwinden hinter der Platte.

ENGEL Herr Sobotka! Herr Sobotka! *Man hört über Lautsprecher:* Hallo! Sie! Sie können doch hier nicht …

Die Handwerker schauen sich um und gehen weiter. Eine Sequenz von eiligen Passanten. Keiner nimmt vom Schaufenster Notiz.

RANFTL *zum Engel* Wieviel ham'n bisher unterschrieben, Frau Leber?

ENGEL Acht.

RANFTL Net mehr?

ENGEL Nee, acht.

RANFTL Nie wieder auf Umsatzbeteiligungsbasis!

Ein Straßenmusikant hat vor dem Schaufenster Stellung bezogen und spielt auf einer Mundharmonika Die Bergkameraden *gegen das* Süßer die Glocken nie klingen-*Kinderchorgesänglein.*

RANFTL Ja spinnt der? Was machtn der da? Frau Leber, Sie …

ENGEL Herr Sobotka! Herr Sobotka!

Eine Oma mit Kind bleibt vor der Auslage stehen. Gnä'
Frau, sind Sie doch bitte so nett und gebn's dem Kind
den Telefonhörer.

Die Oma sucht.

ENGEL Da, ja!

Die Oma greift den Hörer und gibt ihn dem Kind.

RANFTL Jaa grüß dich, hier spricht der Nikolaus. Wie
heißt du denn? – Weißt du schon deinen Namen?

KIND Ja!

RANFTL Und weißt du auch, wer ich bin?

KIND A Kaufhaus-Nikolaus.

RANFTL *etwas gekränkt* Hhmm, ja, schön. Jetzt schau dir
doch mal in Ruhe an, was dir der Nikolaus an schönen
Spielsachen hier aufgebaut hat. Gefällt dir da was davon?

KIND Naa …

RANFTL Aha, ja aber – schau doch mal da dieser schöne
Bagger. Da kannst du die Schaufeln auswechseln und
richtig im Sandkasten baggern. Hast du schon mal dran
gedacht, dir so einen zu wünschen?

KIND Naa …

RANFTL Interessierst du dich für Flugzeuge?

KIND Naa …

RANFTL Oder ganz was anderes. Schau mal, das ist ein
Mikroskop für den jungen Forscher. Da kannst du Flie-
genbeine vergrößern oder Käfer. Na, wär das was?

KIND Naa …

RANFTL Weißt du was, junger Mann, gib mir doch mal
deine Omi. *Kind hält Oma den Hörer hin. Oma am Hörer.*
Guten Tag, gnä' Frau! Sind Sie die Tante oder die …

OMA Ich bin die Oma.

RANFTL Er hat ja seinen Namen noch gar nicht …

OMA Olaf heißt er.

Ein schwer Betrunkener lehnt sich ans Schaufenster und forscht in sich hinein, ob er oben oder unten entleeren soll. Dabei öffnet er unentschlossen sein Hosentürl.

ENGEL *entsetzt* Herr Sobotka! Herr Sobotka! Schnell!

RANFTL Liebe Oma, Sie kennen doch Ihren Olaf ein bisserl besser. Was macht ihm denn am meisten Spaß?

OMA Er liest halt gern.

RANFTL Soso, lesen tut er. Natürlich haben wir auf unserem Kinderland-Deck auch wunderschöne Kinderbücher. Aber vielleicht interessiert er sich doch für etwas hier in unserem Schaufenster-Weihnachtsbasar?

OMA Olaf, gfällt dir da was von dene Sachen?

KIND Naa …

Der Betrunkene will sich inzwischen für die Entleerung von oben entschließen und lehnt sich mit beiden Händen ans Schaufenster.

ENGEL *panisch* Herr Sobotka! Herr Sobotka! Schnell!

Sobotka schaut über den Dekorationsrand und rennt los.

SOBOTKA Ach du grüne Neune!

OMA Kannst es fei ruhig sagen, Olaf. Soll dir es Christkind eins von dene Sachn bringen?

KIND Naa …

OMA *ins Telefon* Ich weiß auch net, was er grad hat.

ENGEL Vielleicht an Chemieworker …

RANFTL Gem S' 'n mir doch mal gschwind rüber. *Engel reicht den Chemieworker.* Gnä Frau, darf ich noch mal mit dem kleinen Olaf?

Die Oma gibt den Hörer an Olaf. Sobotka verjagt den Betrunkenen.

RANFTL Olaf, schau her, da haben wir einen Chemiebaukasten, da kannst du daheim richtige Explosionen veranstalten, des wär doch was für dich. Oder – was seh ich da, Olaf, weißt du, was das ist? Eine richtige Dampfmaschine, die geht echt mit Dampf. Willst du so was?

KIND Naa …

Sobotka kommt vorbei. Beugt sich zum Kind herab und deutet auf ein Spielzeugauto.

SOBOTKA Das da, junger Mann. Ein echter Porsche mit Fernbedienung.

Die Oma beugt sich von der anderen Seite herab.

OMA Oder da, des Flugzeug …

Sobotka geht weiter und zuckt zum Nikolaus mit den Achseln. Oma nimmt dem Kind den Hörer aus der Hand.

Also, Sie ham's ja selber gsehn' Herr Nikolaus. Es hat kein Sinn mit dem Olaf. Des tut mir richtig leid, aber … Also dann, schöne Feiertage! *Hängt ein.* Komm Olaf, gehn mer.

Die beiden gehen. Ein paar Fußballfans passieren lärmend das Schaufenster. Dann kommt ein Nikolaus, schaut in die Auslage, grüßt flüchtig und geht.

Passanten, die sich nicht für das Schaufenster interessieren. Ein junger Mensch verteilt ein Flugblatt.

ENGEL Herr Sobotka! Herr Sobotka!

SOBOTKA *spitzt über den Dekorationsrand* Ach ja …

RANFTL Sie, Frau Leber, eana Ding lasst nach …

ENGEL Was?

RANFTL *deutet auf den Lichterkranz am Kopf* As Ding …

ENGEL *nimmt den Lichterkranz ab* Ahja, d' Batterien.

Sobotka verjagt den Flugblattverteiler.

Der Engel holt zwei Batterien aus der Handtasche und wechselt die Batterien aus. Der Lichterkranz zirkuliert wieder in neuem Glanz.

RANFTL Des mit der Beteiligung war echt a Fehler.

Der Betrunkene wankt wieder an die Scheibe und stützt sich mit beiden Händen in eindeutiger Absicht ans Schaufenster.

ENGEL *aufgeregt* Herr Sobotka! Herr Sobotka! Schnell!

RANFTL Schauns sich diese Sau an.

Der Betrunkene würgt.

ENGEL Schnell! Herr Sobotka! Schnell! Schnell!

Der Betrunkene würgt.

Herr Sobotka! Herr Sobotka! *Über Mikro an den Betrunkenen.* Sie da draußen, schaun S' dass weiterkommen! *Ohne Mikro* Herr Sobotka!

Der Betrunkene schaut nach oben ins Schaufenster und vollzieht die lang ersehnte Entleerung.

Sobotka spitzt zwischen Nikolaus und Engel über den Dekorationsrand. Der Kinderchor beginnt mit einem neuen Weihnachtslied.

MEIN SCHÖNSTES
WEIHNACHTSERLEBNIS

Und dann hat mich der Herr vom Rundfunk gefragt: »Was ist Ihr schönstes Weihnachtsfest gewesen?« Da hab ich nicht lange nachdenken müssen. Mein schönstes Weihnachtsfest war, als ich noch ein kleiner Bub war und mein Vater aus der Kriegsgefangenschaft herausgekommen ist.

Also nach dem Zweiten Weltkrieg.

Am Heiligen Abend, unterm Baum, hat er dann die Zinnsoldaten herausgeholt und die Schlacht von Verdun aufgebaut. Mein Vater wollte die Schlacht von Verdun gern einmal so aufbauen, dass die Franzosen verlieren und nicht immer die Deutschen.

Und dann hat er zu mir gesagt: »Pass auf, Bubi«, hat er gesagt, »hier ist das Bataillon mit den Husaren. Pass mir ja auf die Husaren auf, gell.«

Ich habe aufgepasst, aber ich war halt noch ein kleiner Bub und unerfahren. Die Schlacht hat sich lange hingezogen, und dann habe ich so einen Reiter, so einen Husaren, genommen und habe ihn ins Kerzenlicht hineingehalten, und weil er aus Blei war, ist er geschmolzen. Das hat mir sehr gefallen.

Und dann habe ich noch einen Reiter genommen, und den habe ich auch geschmolzen, und dann habe ich das ganze Bataillon eingeschmolzen, und dann hat mein Vater gesagt: »So, Bubi, jetzt machen wir die Franzosen fertig. Wo sind denn die Husaren?«

Und dann habe ich meinem Vater das Bataillon in Form einer Bleikugel überreicht.

Und dann hat mein Vater gesagt: »Du Sauhund, du verreckter, jetzt kracht es gleich unwahrscheinlich!« Mein Vater wollte mich sauber verprügeln, aber sich vorher erst einmal stärken. Er ist auf den Balkon hinaus, weil da hat er ein Bierdepot gehabt. Aber weil Weihnachten war und es saukalt war und am Balkon so glatt, ist er vom Balkon hinuntergefallen, weil er ausgerutscht ist.

Und ist auf den Nachbarbalkon hinaufgefallen, wo auch ein Bierdepot war.

Und dann haben sie meinen Vater ins Krankenhaus, weil er Rippenbrüche gehabt hat und Quetschungen.

Er ist erst nach Heilig Dreikönig wieder heimgekommen, und das war das schönste Weihnachtsfest in meinem Leben.

Weihnachtsbock Ist der Abfent da, ist der Heilige Abend unvermeidlich. Einziger Lichtblick ist der Weihnachtsbock, der hinuntersirupt. Sobald man einige Flaschen davon zu sich genommen hat, stellt sich eine Besinnlichkeit ein, dann hört man die Weihnachtsglocken läuten. Der Abfent ist geprägt von süßem Zeug aller Art. Muss man sich eine Diabetes anfressen, wenn man sie sich doch auch hersaufen kann?

DER RAUSCHGOLDENGEL

Der Kraftfahrer Hofinger war Kraftfahrer von Beruf. Ansonsten hatte er viel Freude am Durst. Diese Freude hielt er gewissenhaft mit Bier und Schnaps aufrecht.

So begab es sich, dass Hofinger an einem herrlichen Heiligenabendnachmittag, voller Schnee und Kälte, der Wirtschaft »Zum Atzinger« zustrebte, um sich dort auf die Feierlichkeiten des Tages gebührend einzustimmen.

Zum Entree genehmigte er sich in kleinem Kreise – es waren noch der Emigrant Kovacs und der Trambahner Gerstl dabei – sieben Weißbier und flankierend dazu diverse Obstler.

Als dann der Lärm draußen auf der Straße langsam einschlief, begann Hofingers Weihnachtsstimmung zu knospen, und dementsprechend genoss er den Weihnachtsbock, ein Getränk, welches extra für die hohen Festtage hergestellt wird. Aus der Musiktruhe erscholl Countrymusic, und gleichzeitig aus einem anderen Geräuschspender, also sozusagen synchron, informierte einen der Heimatsender präzise über den gesamten Weihnachtsverkehr im Freistaat.

Diese Beschaulichkeit stimulierte den Hofinger bewegt zum ersten inbrünstigen »Stih-hi-le Nacht, ha-li-ge Nacht …«. Der Emigrant stimmte sogleich mit ein und verbreitete Seliges. Hofinger unterbrach verblüfft: »Ja, was bist 'n nachert du für oana? Bist etz du a Asylant oda a Dissident oda a Flichtling oda gar a Mafioso? Ha, ha?!« Hofinger war beeindruckt. »Singt der Stille Nacht!«

Kovacs beantwortete diese Fragen nicht, jedenfalls nicht an diesem Weihnachtsabend im Atzinger. Er hielt sich lieber an den Bock und feierte. Gerstl hingegen trank eine vulgäre Halbe nach der anderen, freilich ab und zu durch einen Nikolaschka unterbrochen gegen »des siaße Zeig, des wo oam an Weihnachtn oiwei an Mogn vapappt«.

Da der Atzinger keine Wärmestube mit »open end« war, speziell an Festtagen wie diesen, erfolgte um sieben Uhr die unerbittliche Räumung. In der ernüchternd kalten Winterluft animierte Gerstl: »Gehts weida, i hab scho no a paar Tragl am Balkon. Na wartma hoid bei mir aaf 's Christkindl!«

Gerührt willigten die beiden anderen ein. Auf »O du fröhlichehe …« folgte bald »Wir lagen vor Madagaskar« und »Marina, Marina«. Die Stimmung konnte nicht besser sein.

Beim Hofinger tat das vierundzwanzigste Bier, noch dazu eisgekühlt, seine Wirkung. Abrupt riss es ihn von der Liedertafel in Richtung Toilette. Ob er selbst noch merkte, dass es bereits zu spät war, ist nicht überliefert.

Nachdem das Duett das gesamte verfügbare Liedgut verbraucht hatte, bemerkte Kovacs: »Wo isss Hofinger? Heim ssu Familie, oder was?«

»Ja Herrschaft, wo is er denn?!«, fragte auch Gerstl – und fand die Bescherung in seiner Diele.

Was jetzt geschah, muss jeden echten Christenmenschen, der von der allgemeinen Verrohung der Zeit noch nicht ganz versaut ist, bewegen.

Der Trambahner und der Emigrant schleppten den hundert Kilo schweren Kameraden ächzend und stöhnend drei Treppenaufgänge hinunter. Beim Umgreifen entglitt er ihnen hin und wieder, dann donnerte sein Kopf schwer über die steinernen Stufen. Es ging durch die kalte Nacht, vorbei an Tannenbäumen im Lichterglanz und dann, zwei Straßenzüge weiter, durch den Hinterhof nochmals zwei Stockwerke hinauf. Dort legten sie ihn vorsichtig, um den Weihnachtsfrieden nicht zu stören, vor seine Wohnungstüre und schoben ihm fürsorglich den Fußabstreifer unter das zerschundene Haupt. Kovacs, der Mann aus der Fremde, steckte ihm noch eine ungeöffnete Flasche dunklen Bocks der Marke Hopf zwischen die Finger. Dann verließen sie ihn mit der Gewissheit, die ihrige Christenpflicht voll erfüllt zu haben.

In Hofingers Wohnung war der Heilige Abend bereits zelebriert worden. Die Mama mit den drei Kleinen und die Oma, Hofingers leibliche Mutter, hatten die Abwesenheit des Vaters zwar beklagt, aber hingenommen, weil man ja in etwa eh wusste, wie es ausgeht, wenn der Bappa »no amoi schnell a wengerl zum Atzinger neischaut«.

»Pst«, flüsterte die Oma und drehte den Fernseher leise, »i hab draußt was ghört!« Hurtig spurteten die Kinder zur Wohnungstür, öffneten und – »Der Bappa is's …«, riefen sie. »Der Bappa is's! Er liegt im Treppenhaus! Er is hoamkemma … der Bappa!«

Ein Anflug von Frohheit entfaltete sich auf dem Gesicht der Oma, die überhörte, wie es dem Munde der verhärmten Frau Hofinger entfuhr: »Total daschpiem und daschissn. De bsuffane Drecksau, de bsuffane!«

Schnelldienstheiliger edukatives Hilfsorgan in der pränatalen Zeit; meist Studenten, die als Aushilfs-Nikoläuse mit Bart Tradition suggerieren sollen

KINDERMODENSCHAU

Veranstaltungsraum eines Hotels. Dr. Tschiep spielt auf der Hammondorgel Weihnachtslieder. Gut gekleidete Kinder sitzen neben ihren noch besser gekleideten Muttis. Im Nebenraum stehen Uschi Blass und ein St. Nikolaus vom Künstlerschnelldienst.

FRAU BLASS Ja, aber Sie hätten doch daher genauso gut mit der Trambahn herfahrn können, und an Bus gibt's aa no, da brauchen Sie doch koa Taxi nehman. Des war net vereinbart ...

NIKOLAUS Ja, schon, aber Frau Blass, des waar unheimlich knapp wordn. I war ja bis jetz no auf am Seniorennachmittag, de oidn Leit, wissen S', des ziagt si oiwei.

FRAU BLASS Redn S' net, der Achtafuffzger fahrt alle zehn Minutn, da hättn S' ...

NIKOLAUS Ja, aber ...

FRAU BLASS Des is mir gleich, as Taxi zahl i net, des war mit Ihrer Agentur net vereinbart. Also, jetz passen S' auf: Hier ham Sie die Kundenerwähnungswünsche von de Prominentenkinder, die namentlich erwähnt werdn solln, lesen S' es gschwind durch, dass S' koan Fehler neibringen. Also, Sie kemman nach am fünften Kind, des is der Boris im Discofieber, des is der da, gell, Boris, und dann nehman Sie gleich des sechste Kind mit über die Rampe …

NIKOLAUS Ich hab da stehn: Natascha als Gänseliesl …

FRAU BLASS Ja genau, mit der Natascha kommen Sie, und dann is Bescherung. Also, zerscht die Prominentenkinder und vor allem de von der wichtigen Kundschaft, de sitzn alle an Tisch eins bis drei, de restlichen Packerln verteiln S' dann nach Gusto, soweit no oa da san …

NIKOLAUS *hat Kundenerwähnungswünsche durchgelesen* Ja, Sie, da steht: »Stinkfaul und pariert daheim überhaupt net«, des is doch a bissl hart für so a Kind, soll i des wirklich aso sagn?

FRAU BLASS Sie tragn vor, was auf 'm Zettl steht, verstandn? Mischen S' Eahna da net ei. Des is ois mit der Kundschaft aso abgesprochen. Und vergessen S' net: »Von draußt vom Walde komm ich her, da braucht ma was Gscheits zum Oziagn, mir machen Kindermode …«

NIKOLAUS Jaja, ich woaß scho, auch an Kleiderwunschzettel ansprechen. Kimmt ois, Frau Blass. Wia hoaßn glei de Stiefeln wieda?

FRAU BLASS Juwenta.

NIKOLAUS Ah ja, und der Vernon-Pelzumhang. Puh, hoaß is's da herin. *Legt Umhang ab.*

FRAU BLASS Aber ja net zu früh! Mit der Natascha als Gänseliesl kommen Sie.

NIKOLAUS Is gebongt, Chefin.

Ein Kind im Pelzmantel weint.

FRAU BLASS Ja, Nicole, mein Kleines, wer wird denn da weinen, jetzt, wo dein schöner großer Auftritt kommt?! Andere Kinder wären froh, wenn sie so einen schönen Mantel vorführen dürften. Nicole-Schätzchen, das wird schon ... Frau Sieber?! Frau Sieber, Sie schicken die Kinder auf's Stichwort über die Rampe. Des muss klappen, gell. Jaja, mein Schätzchen, is ja schon gut, is ja halb so schlimm. Schau, Nicole, die Mütze darfst du hinterher behalten. So, ich muss jetzt, Frau Sieber. Achtung ... *Geht auf die Bühne.*

NIKOLAUS Geh weiter, Kindl, denk dir doch nix. Da hast an Lebkuchn.

Im Saal.

FRAU BLASS *tritt lächelnd auf; Hammondorgeltusch, Applaus* So, liebe Kinder, liebe Eltern, jetz is es wieder so weit, das Fest der Freude rückt näher, und wie jedes Jahr um diese fröhliche Zeit der Erwartung haben wir von Uschis Kinderbasar uns wieder was ausgedacht, was euch, liebe Kinder, vielleicht Freude macht zum Anziehn, Überziehn, zum Umhängen oder zum Kuscheln, und natürlich für euch, liebe Eltern, ein paar zünftige Anregungen für den Wunschzettel oder den Gabentisch eurer Bambinis. – Ich hab davor noch in den Wald gespitzt und den St. Nikolaus getroffen, und der hat eurer Uschi fest versprochen, dass er nachher bei unserm kleinen modischen Adventsnachmittag vorbeischaut. Er hat gesagt, er hätt ein paar Überraschungen für unsere Basarkinder. Da sind wir ja alle gespannt, was der St. Nikolaus da für uns, oder besser, für euch, liebe Kinder, bereit hat. *Applaus.* So, und jetzt, auf los geht's los! Herr Dr. Tschiep, bitte Musik! *Musikeinsatz, Applaus.* Und als Erstes sehen wir nun unsere Nicole mit dem Modell Eisbär von Clochard mit der dazu passenden Exklusivmütze »Uppsala« in rustikaler Baumwolle. – Ja, wo bleibt sie denn, unsre Nicole? *Dezent* Frau Sieber! – Ja, wo ist denn unsere Nicole? *Geht ab, kommt mit verrotzter Nicole wieder und schleift sie über den Laufsteg.* Ja, haha, unsere Nicole ist heut ein wenig verschnupft, sie hat halt unsern Mantel, Modell Eisbär, zu spät angezogen, gell, Nicole? Ja, brav, haha, ja, einen kleinen Applaus hat sie doch verdient, unsere Nicole. Danke, Frau Sieber … *Nicole ab.* Unser kleines Eisbärle von Clochard kostet komplett mit Rustikalmütze vierhundertachtunddreißig Mark exklusiv bei ·Uschis Basar. So, als Nächstes, ah, da ist er ja schon, unser Dimitri, ganz professionell macht er das, wie ein echter Dressman. *Applaus.* Dimitri als kleiner Lord, mit farblich abgestimmter Pausebrottasche für den kleinen Hunger zwischendurch. Statt dem Tweedjackett kann man auch mal nur den original Norwegerpulli Modell Sven komplettieren, das sieht dann oft besonders süß aus, hier, unser Dimitri … *Dimitri zieht das Jackett aus, man sieht den Norwegerpulli, Applaus.* Der kleine Lord, ein besonders lässiges Modell exklusiv für Uschis Basar von der Firma Clochard. *Dimitri ab.* Ja, und jetzt einen Sonderapplaus, süß sehn sie aus, sind sie nicht herzig, wie ein kleines Brautpaar, der Uli und die Ingeborg im aktuellen Winterfreizeitdress Pinguin eins und zwei, lieferbar in den aktuellen Modefarben Rouge, Gelb,

Azur, Beige, Champagner und Flaschengrün, hei, da macht das Schlittschuhlaufen Spaß. Pinguin zwei mit modischem Cape, Pinguin eins mit dem zünftigen Südwester, und für den kleinen Wunschzettel, da, Uli, zeig mal schön, die Allwetterstiefel von Caligula. Ja, schön macht er das, der Uli. Sonderapplaus, ein Sonderapplaus für den Uli. *Applaus.* Vielen Dank auch, liebe Ingeborg. *Applaus.* Für die schicke Nachmittagsschokoladenparty oder für 'ne tolle Kinderfete jetzt was ganz Verrücktes: unser Boris im Discofieber! Frau Sieber! *Lichtwechsel, Discomusik.* Ja, das geht in die Beine. Toll, dieser Boris. Diese Safranlederhose, da fahren die kleinen Girls reihenweise drauf ab. Einen Sonderapplaus für den Boris. Discohose, Kappe, Jacke und Perlenkette, Steppschuhe und Discojojo exklusiv bei Uschis Kinderbasar, Kreation Uschi Blass, sechshundertvierundzwanzig Mark. Ja, toll, dieser Boris! *Boris ab, Applaus.* Obacht. Oh là là, jaa, jetzt, liebe Kinder, hab ich, glaub ich, ein Glöckchen gehört, da bin ich aber gespannt, wer jetzt da hereinschneit. Ja, das ist unsere Natascha als Gänseliesl, und, jaa, ich hab's doch gewusst, da ist er, der heilige St. Nikolaus, Applaus für den St. Nikolaus! *Applaus. Nikolaus geht mit Natascha auf und ab.* Ja, St. Nikolaus, wo kommst du denn her? *Schubst Gänseliesl von der Rampe.*

NIKOLAUS Von draußt vom Walde komm ich her, ääh …

FRAU BLASS *leise* … Schuhe …

NIKOLAUS I woaß scho … ah, ich kann euch sagen, es weihnachtet sehr. Ich komme gerade von der Juwenta-Schuhfabrik, von denen habe ich auch meine schönen

Juwenta-Allwetterschuhe, ohne die der St. Nikolaus schon längst einen Schnupfen hätte, und ich habe hier auch was Feines mitgebracht, für alle braven Basarkinder. Ihr wart doch immer brav, oder?

KINDER Jaa!!

FRAU BLASS Bei Uschis Basar sind nur brave Kinder, Herr Nikolaus.

NIKOLAUS Ah ja, natürlich. Habt ihr euch auch alle was Feines zu Weihnachten gewünscht?

KINDER Jaa!!

NIKOLAUS Was Feines zum Anziehn?!

KINDER Jaaa!!!

NIKOLAUS Ja, das freut den Nikolaus. Ja, dann wollen wir doch mal in mein goldenes Buch schauen, was da so alles drinsteht. – Ist die kleine Carmen Hasenböck, ist die da? *Ein zaghaftes Ja.* Oh, oh, oh, ja was muss ich denn da lesen? Sie ist faul, macht keine Hausaufgaben und widerspricht ständig ihrer Mutter. *Kindergelächter.* In der Schule kommt sie auch nur …

FRAU HASENBÖCK Also, das ist doch wohl der Gipfel an Unverschämtheit. So eine Frechheit …

FRAU BLASS Aber Frau Konsul, das war doch …

FRAU HASENBÖCK Carmen! Olaf! Kommt, wir gehen!

FRAU BLASS Frau Konsul, darf ich das Missverständnis auf…

FRAU HASENBÖCK So eine Geschmacklosigkeit ist mir in meinem Leben noch nie untergekommen … *Zieht ihre beiden Kinder an.*

FRAU BLASS Aber, Frau Konsul, den Nikolauszettel hat mir doch Ihr Mann persönlich …

FRAU HASENBÖCK Mein Mann, dieses Rindvieh, was
weiß denn der – wo unsre Carmen so ein Sensibelchen
ist. Carmen, Olaf, los, wir gehn!

FRAU BLASS *zum Nikolaus* Sie Vollidiot, das wird ein ge-
richtliches Nachspiel haben!

NIKOLAUS Ja, aber …

FRAU BLASS Sie Rindvieh, diese Frau kann mich fertig-
machen mit ihren Connections. Sie entschuldigen sich
sofort auf der Stelle! Bei Frau Konsul und beim Kind.
Sonst zeig ich Sie an wegen Geschäftsschädigung, Sie
Depp! *Geht in Richtung Frau Hasenböck, die bereits auf-
gestanden ist.*

NIKOLAUS Ah, gnä' Frau, ah, Kind, ah, du, der Nikolaus, der hat was übersehn, so was passiert auch amal
am Nikolaus, ah, gnä' Frau, bitt schön entschuldigen
S' …

FRAU HASENBÖCK Ja, aber Sie sehn doch selbst, das Kind
ist doch so sensibel.

NIKOLAUS Ja, äh, nein, bitt schön, äh, wie soll ich, äh …
Frau Hasenböck setzt sich wieder.

FRAU BLASS *ruft dem Nikolaus zu* Musik, Ihr Lied – und
Bescherung!

NIKOLAUS Ja, aber die anderen Zettel …

FRAU BLASS Ihr Lied, los, machen Sie endlich. Liebe Kinder, ihr müsst wissen, der Nikolaus hat auch ein Lied
dabei …

NIKOLAUS Ja, also, ihr habt's gehört, liebe Kinder, ah, also,
der Nikolaus hat euch da ein Lied mitgebracht, für alle
Basarkinder, des is zum Mitsingen, passts schön auf, ich
sing's euch derweil amal vor, und die, die's dann schon

können, die dürfen gleich mitsingen, und dann singen mir alle des Lied mitanander, gell …

FRAU BLASS Und der Sankt Nikolaus verteilt dabei die Gaben! Gell, Herr Nikolaus?!

NIKOLAUS Ja genau, dann schaun mir nach, was in dem Sack da drin is. Also, jetz tuts alle schön mitsingen. *Singt:*

Am Himmel blinkt ein heller Stern,
Der frohe Tag ist nicht mehr fern,
Das Weihnachtsfest wird wunderbar
Mit Kindermoden aus Uschis Basar.

So, und jetzt singen mir alle schön mit …

SANKT NIKOLAUS

Straße in einer Trabantenstadt – Häuserflucht. Ein Auto kommt zügig angefahren, Vollbremsung. Ein zweites Auto muss ebenfalls scharf bremsen. Allmähliche Staubildung. Ein gestürzter Nikolaus sammelt auf der Straße seine Utensilien zusammen.

FAHRER DES 1. WAGENS *zum Fenster raus* Herrgottsakrament, du Klätzn, kost du net aufpassn?! Geh weida, schleich di mit dein Graffe, du Huastnguatl, du windigs!

FRAU *aus dem 1. Wagen raus, kaum zu sehen* Aso laaft ma ja aa net auf da Straßn umanand, des is ja verkehrswidrig!

Der Nikolaus gibt sich sichtlich Mühe, seine Sachen schnell und unbürokratisch von der Fahrbahn zu transportieren.

FAHRER DES 1. WAGENS Kaaf dir doch an Blindenhund, bläda Siedla, wennst net alloa üba d' Straß kimmst!

FRAU *aus dem Wagen* Mir samma doch net im Fasching. So ein Kaschperl!

Ein Hupkonzert beginnt. Der Nikolaus hat seine Utensilien zusammengerauft, der Verkehr fließt wieder.

FAHRER DES I. WAGENS *im Vorbeifahren* Arschloch! *Schließt sein Fenster.*

Man hört einige überfahrene Walnüsse knacken. Der Nikolaus hat sich gefangen, vergleicht auf einem Zettel eine Adresse, sieht an dem Hochhaus empor, vor dem er steht, und ist offenbar am Ziel. Er geht zum Hauseingang, sucht, läutet, wartet. Es knackt, pfeift, dann aus dem Summer eine Stimme.

STIMME *(off)* Hallo – hallo, wer is da?

NIKOLAUS Sankt Nikolaus steht vor der Tür.

STIMME *(off)* Ah, Sie sind's, Moment.

Es surrt, der Nikolaus rüttelt an der Tür, nichts geht. Der Nikolaus läutet noch mal.

STIMME *(off)* Hallo, hallo, wer is da?

NIKOLAUS Es ist abgesperrt.

STIMME *(off) Naa. Sie müssen fest drücken.*

Es surrt, der Nikolaus drückt fest, fliegt fast rein ins Haus, drückt den Liftknopf; während er wartet, repariert er vollends sein Kostüm. Die Lifttür geht auf, zwei Rocker kommen aus dem Lift.

ROCKER I Ui, a Nikolaus, hahahaa!

ROCKER 2 A Nikolaus, haahaahaa …

ROCKER I Duast scho wieder kloane Kinder vaschrecka, ha? Geh weida, eh, was hast 'n in dein Sack drin? Ha?!

NIKOLAUS *zieht seinen Gabensack an sich* Lassen Sie mich in Ruhe!

ROCKER I Ui, da ander! Lass mi neischaugn, Spezi!

Rocker 1 pöbelt den Nikolaus an, Rocker 2 haut ihm die Bischofsmütze vom Kopf, Rocker 1 haut dem Nikolaus vor die Brust, der Nikolaus verliert seinen Bischofsstab und rettet sich mit einem Sprung gerade noch in den Lift. Tür zu.

Wohnzimmer der Familie Klinger. Die Tür ist offen. Adolf Klinger und Sohn Robert sitzen vor dem Fernseher (Programm: Werbespot). Hannelore Klinger kommt von der Toilette (Rauschen).

ADOLF Herrgott, muaß der ausgerechnet jetzt kemman. Auf wann hast 'n denn bstellt?

HANNELORE Mei, de ham heit vui zum Doa, heit und moign.

ADOLF Kann der net früher kemman, der Krippel, weil früher sans allwei früher kemman. *Schenkt Bier nach.*

HANNELORE Vielleicht is er in an Stau neikemman, oder er hat's net gfunden. *Setzt sich, isst weiter.*

ADOLF Wenn er besser in der Schui gwesn waar – *zeigt auf Robert* –, na hätt ma heuer gar koan Nikolaus nimmer braucht.

HANNELORE Ja mei, jetzt is er scho da.

Man hört von draußen den Nikolaus schüchtern kratzen und sich räuspern.

HANNELORE Genga S' nur rei, 's is offen. So, Roberti, jetz is er da.

FERNSEHER Zur Fortsetzung des Programms schalten wir um nach Bremen. – *Sendezeichen.*

NIKOLAUS *Halboff im Flur* Ja, bin ich hier richtig? Ich such den Robert Klinger.

HANNELORE Ja, kemma S' doch rein, legn S' ab.

Der Nikolaus betritt das Zimmer. Irritierter Seitenblick auf den laufenden Fernseher (im Fernsehen gerade Ansage: Vier Fäuste für ein Halleluja o. Ä.)

NIKOLAUS Guten Abend.

HANNELORE 'n Abend.

ADOLF Roberti, geh weida … *Bedeutet ihm aufzustehn.*
Robert stellt sich vor den Nikolaus.

HANNELORE Nimm dein Kaugummi raus.
Robert folgt.

NIKOLAUS Von drauß' im Walde komm ich her, ich kann
euch sagen, es weihnachtet sehr. Du bist also der Robert Klinger?

ROBERT Ja, warum?

NIKOLAUS Groß bist du schon. Bist du auch immer schön
brav gewesen?

ROBERT Ja, warum?

HANNELORE Geh weida, Roberti, sag schön dein Gedicht
auf!

ROBERT *sehr trocken* Komm doch, lieber Sankt Nikolaus,
komm mit deinem Sack in unser Haus. Pfeffernüsse,
Mandelkern mögen alle Kinder gern.
Adolf hat inzwischen den Fernseher lauter gestellt.

FERNSEHER Komm raus, Miller! Ich weiß genau, dass du
hier bist, zeig dich, Coyote! *Musik, Schüsse, Pferdegetrappel. Alle, auch der Nikolaus, sehen jetzt fern. − Eine wilde
Schießerei, ein Todesschrei, neuer Musikeinsatz.*

FERNSEHER Hey, Chandler, Tom hat noch ne Prise Dyna-
mit im Sack, jetzt räuchern wir sie aus!
*Adolf zündet sich eine Zigarette an. Hannelore nimmt sich
eine Handvoll Chips; der Nikolaus sieht verstohlen auf seine
Uhr.*

NIKOLAUS Ja, ich würde ja noch gerne bleiben, es ist sehr
gemütlich hier. *TV: Detonation, neuer Musikeinsatz.*
Aber es warten noch andere Kinder auf den Nikolaus.

ADOLF *abwesend* Ja, also, Wiederschaun, nett, dass Sie da warn.

HANNELORE Wiederschaun, dann, bis zum nächsten Mal. Sie finden allein raus, gell?

Der Nikolaus schaut schüchtern in der Runde herum, bleibt aber an seinem Platz stehen.

ADOLF Ja, ist noch was?

NIKOLAUS Ja … *Deutet auf Robert.*

ADOLF Ja, was is denn?

NIKOLAUS *verschämt* Ja, das Finanzielle …

HANNELORE Ah ja, stimmt. Des hätt mir jetzt fast vergessn. Geh weida, Roberti, hol gschwind am Bappa sein Geldbeutl.

Robert unwillig ab. TV: Prärierittmusik, Pferdegetrappel, Peitschenknallen.

ROBERT *(off)* Wo is er denn?

ADOLF *zu Hannelore* Geh weida, geh du mal. *Hannelore ab, Adolf macht den Fernseher leiser.* Mögen S' an Schluck Bier?

NIKOLAUS Im Moment nicht, danke.

Adolf macht den Fernseher noch etwas leiser, man hört von unten Gejohle und Motorlärm. Adolf schließt das vorher schräg gestellte Fenster, schaut einen Moment hinaus.

ADOLF Herrgott, de spinnerten Deifen. *Setzt sich wieder. Der Nikolaus geht ans Fenster, sieht hinaus, man sieht unten eine Rockerclique, die mit dem Bischofsstab des Nikolaus ein Bischofsmützenstechturnier fahren.*

NIKOLAUS 'nen Schnaps, wenn Sie vielleicht hätten …

ADOLF Mögen S' an Hubertus oder an Lufthansa?

NIKOLUAS Egal, irgendwas.

HANNELORE So, da hätten mir's. Was macht des jetzt heuer?

NIKOLAUS Zweiunddreißig Euro fünfzig.

HANNELORE Zweiunddreißig Euro fünfzig?!

NIKOLAUS Mit Anfahrt.

HANNELORE Ja, so, ja, i hab gmoant, da is auch a Krampus dabei?

NIKOLAUS Vom Krampus kommt man immer mehr ab. Aus pädagogischen Gründen …

HANNELORE Ah so, ja dann. *Zahlt, erhält Quittung.* Also dann, Wiederschaun.

ADOLF *abwesend* Wiederschaun, Herr, äh …

NIKOLAUS Ja, behüt euch Gott. Also, Robert, hast du gehört? Immer schön brav sein. *Gibt Robert eine Weihnachtstüte aus seinem Sack.*

ROBERT Dank schön.

Detonation im Fernseher. Text: »Dem haben wir's sauber gegeben. Der ist erledigt« – Musikeinsatz. Der Nikolaus ist verschwunden.

ADOLF … Wie viel hat jetzt der Scherz kost?

HANNELORE Zweiunddreißig Euro fünfzig. Mit Anfahrt vom Künstlerdienst.

ADOLF Zweiunddreißig Euro fünfzig, des is ja a Unverschämtheit, dafür kann i ja scho a Doktor kemma lassn.

HANNELORE Ja mei, ois werd teirer.

ADOLF Aber's nächste Mal nehman mir oan vom Pfarramt. De san billiger. Und echter.

HANNELORE Ja, heuer ham mir ja koan andern mehr kriagt. De vom Pfarramt warn ja scho alle ausgebucht.

Robert geht ans Fenster.

ADOLF Ja mei, na bstellst halt scho glei jetzad oan für nächsts Jahr.

Robert sieht zum Fenster raus, man hört johlende Rocker, die den Nikolaus jagen … Robert grinst.

Homesnowmaker Weihnachts-
vorbereiter; Pendant zum Laubbläser; Begleit-
geräusch zum Jingle Gebell im Abfent; bringt
Klima wieder in ordentliche Bahnen; macht
unabhängig vom Klimawandel Schnee; Schnee-
kanone, Schneehaubitze für den Hausgebrauch
(Haushaltsschneehaubitze), ganzjährig zu
gebrauchen

DER TURBO

Natürlich! Wir können ruhig Tacheles reden. Ich sag das einem jeden. Gern sogar! Ob er es hören will oder nicht, das ist mir scheißegal. Ich sage es, dass das klar ist. Bitte! Stimmt ja auch! Ich war in meinem Leben noch nie ein großer Fußgänger. Ich bin kein Fußgänger. Ich war kein Fußgänger und ich werde auch kein Fußgänger mehr! Fußgängerei, das ist für mich, wie sagt man, gelaufen.

Ja, sicher. Warum sag ich das? Weil, es gibt ja Leute, das glaubt man nicht. Die täten ja total durchdrehen. Das gibt's. Die behaupten dann, sie hätten mich in einer Fußgängerzone gesichtet! Hi, hi! … Halluzinationen!

Nein, warum? Ich steh dazu … Ich stehe dazu, warum auch nicht? Ich bin ein passionierter Autofahrer. Ich fahre gerne mit dem Auto, ja!

Wenn man sich aber heute öffentlich in dieser Weise outet, du weißt, was dann los ist. Muss ich das erzählen?

Hetzkampagnen! … Autofahren! … Aha, der fahrt gern mit dem Auto! – Wo ist er? – Da ist er! Jetzt, da! Da fahrt er! Fangts ihn! Der Scheiterhaufen! Verbrennts ihn!

Ja, Entschuldigung, excuse me! Ich bin doch nicht von Hinterpfuideifi! Das weiß ich doch. Ich weiß doch, was heute los ist. Ich lese ja auch eine Zeitung. Wir wissen doch alle, was da heute vor unseren Augen passiert … in Berlin etc. Da werden unschuldige Pkws vor unseren Augen abgefackelt. Automobile, die sich nicht wehren können! Aber lassen wir das Thema … lassen wir das Thema. Lassen wir es sein, sonst muss ich noch meine Weltanschauung erzählen … Lassen wir es! Ich bin sowieso … ich bin ein positiv denkender Mensch, Gottseidank! Ich hab das im Naturell. Das ist mein Charakter: positiv! Ich denke positiv – Gottseidank! –, bin Optimist. Das hab ich … Wie hat der geheißen? … Wart amal! … Der hat doch das … in die Bibel hat er es reingeschrieben. Ja, das weiß ich schon, da haben viele reingeschrieben. Sie haben aber auch immer so komische Namen. Der eine, der Habakuk! … Ist ja wurscht, es spielt keine Rolle, aber wahrscheinlich kennst du's ja? Der hat doch das reingeschrieben – wie schreibt er gleich? Also ungefähr … Wenn heute, schreibt er, die Welt untergeht, dann pflanze einen Baum, sagt er. Und weißt du, was ich sage? Heute? Ich sage: Und wenn sich alles gegen das Automobil verschworen hat, dann bestell ich gerade jetzt einen Neuwagen! Ist das klar? Entschuldigung, excuse me! Der Tag der Bestellung bis zu seiner Ankunft, das ist meine persönliche Adventszeit! So schaut's aus!

Ja, excuse me, natürlich ist das Bestellen eines Autos, heute, das ist klar, das ist schon, … das ist eine challenge! Ja, sicher! … Warum? … Ein Automobil, das muss heute equipped werden. Ich muss ja das ganze Equipment darin haben! Wenn ich da irgendetwas vergesse. Ich trage doch die Verantwortung. Was kommt rein? Was nicht? ... Alle details, da muss alles stimmen! Wenn ich da etwas vergesse, dann kommt das Auto ja als Krüppel daher. Das liegt allein in meiner responsibility.

Klar, sicher ... bestell ich das Auto nicht ganz allein. Meine Frau bestellt mit. Sicher, warum auch nicht? Ich mein, sie kann durchaus mitbestellen. Ich hab es ihr aber immer wieder gesagt, weil sie ist ja nicht ganz blöd. Ich sag aber immer, eins muss klar sein, sie muss halt kompatibel sein. Weil, wenn sie irgendeinen Blödsinn, wenn sie mit einem Blödsinn daherkommt, dann muss ich ihr ja doch ein paar Fangfragen stellen. Aber, also ... das Auto, das wir jetzt in Auftrag gegeben haben, war ein gewisser Konsens, das kann ich nicht bestreiten. Wir waren uns einig. Wir haben gesagt, das Auto, das uns jetzt herkommt, ist ein Bi-Turbo. Und ich habe auch gleich gesagt, den Außenlack ... da möchte ich das Individual-Pearl-Silber, des kommt mir da rein. Da brauchen wir gar keine discussion. ... Da nicht! Ja, sicher, das Pearl-Silber-Individual, das kostet 3 000 ... 3 000 Ding ... Aufpreis. Das ist kein Schmutz. Aber ich sage mir – aus der heutigen Perspektive: Mir ist heute mein Geld lieber im Lack von meinem Wagen, als in Athen, verstehst? Nur, dass das klar ist.

Und ich hab auch gesagt zu meiner Frau ... Komm Schatz, bitte äußere dich. Was liegt dir am Herzen? Was möchtest du? Und, gell, da lachen Sie auch schon! Ja, man glaubt es nicht! Da sagt sie, sie möchte gerne die Bedienungsknöpfe aus Elfenbein! Dann sag ich: Ja spinnst du jetzt total? Geht's noch? Elfenbein! Da empört sich mein grünes Gewissen, sag ich, das kannst du doch nicht bringen! Vor mir aus Krokodilleder, aber Elfenbein?

Ich sag: Komm Frau, komm Schatz, jetzt machen wir die Sache slowly. – Jetzt bestellen wir das Auto step by step. Halt im ranking – was wichtig ist, was weniger wichtig ist. Zuerst die urgent necessities … Und, hab ich gesagt, fangen wir gleich mal mit dem Interieur an, … vorn. Die beiden Vordersitze, da möchte ich die Vivaldi Four-Season-Climate-Seats! Die Vivaldi Four-Season-Climate-Seats, die kommen mir vorne hinein, und auf deiner Seite kommt mir ein ›Memory‹ hinein. Weil, wenn du dann den Alzheimer hast … der ›Memory‹ weiß immer, wo du gern gesessen bist. Warum der Vivaldi Four-Season-Climate-Seat, wollen Sie wissen? Das ist – excuse me … Wo wohnen wir? Wohnen wir in Spanien? Also! Wo wir wohnen – eben hier! –, da wird es manchmal kalt, stimmt's? Und wenn ich einsteige und fröstle, push ich den Button, dann habe ich auf meiner Seite die Klima-Variation-Hawaii! Hitze, aber trockene Hitze! Ich will ja nicht im Dschungel umherfahren! Und bei ihr ist es umgekehrt. Sie schwitzt in ihrem Polarfuchs, ich push den Button und sie hockt im Iglu! Na ja, sicher.

Ich hab natürlich … Du musst dir das vorstellen: Bei diesem Auto habe ich wirklich, das darfst du mir glauben, ich habe ein Brainstorming – was heißt da eins? –, ich habe ein Brainstorming nach dem anderen hinter mir, weil da alle details drin sind. Das geht an beim coming-home-light … Ja, sicher hab ich ein coming-home-light drin. Ich kauf doch heute kein Auto ohne coming-home-light. Aber solche Leute gibt es. Das glaubst du nicht. Die bestellen heute einen Neuwagen ohne coming-home-light. Ja, die gibt es, solche Leute. Die laufen herum, saufen Bier, fressen … aber kein coming-home-light im Auto. Das ist Wahnsinn! Dann habe ich drin im package – sags! … Whiplash mit Rückkamera. Warum? – habe ich mir auch lange überlegt. Warum habe ich den Whiplash mit der Rückkamera? Man glaubt es ja nicht. Ich stelle mein Auto ab. Das Auto ist nicht mobil. Das Auto ist stabil … Autostabil. Und trotzdem kommt einer und fährt mir hinten hinein. Drum habe ich eine Rückkamera drin und wenigstens ein Porträt von diesem Arschloch, verstehst du!

Dann habe ich drin – nur, dass man mal … was da drin ist … in diesem Auto. Ich habe drin, die deer cruising control night vision. Ja, mit der night vision. Excuse me, wo kommt denn der Radler heute her? … Wo kommt er her? Kommt er von da? Von drent? Von drobn? Von drunt? Nein! Er kommt von irgendwo! Das ist es ja. Was sich heute auf unseren Straßen nächtens an Lebewesen herumtummelt, das geht von der Wildsau bis zum Radlfahrer! Das geht vom Fußgänger bis zum Igel. Lauter potenzielle Suizidler. Aber so wie eine Wildsau den Trüffel rausschmeckt, so schmeckt meine deer control den Radler raus. Das dürfen Sie mir glauben!

Dann habe ich drin einen Rops. Natürlich habe ich einen Rops. Wie bitte? Sie wissen nicht, was ein Rops ist? Nicht? … Ah geh? Also gut: Rops – Roll Over Protection System. Das ist drin. Warum? – fragt sie auch, und ich sag: weil so wie du Auto fährst, da ist es nur eine Frage von … Ding … Da kann man auf die Uhr schauen, bis du dich überschlägst. Aber wenn du dann noch lebendig herauskrabbelst und anschließend eine Weißwurst frisst, dann bedanke dich beim Rops. Excuse me, das erlaube ich mir heute zu sagen: Wenn dieser Österreicher damals, dieser Haider, wenn der damals einen Rops gehabt hätte, stünde Österreich politisch heute ganz anders da! Dass das klar ist!

Ich habe auch ein Rear Seat Entertainment drin. Das Rear Seat Entertainment, das hat Gründe. Das ist ein Event-Paradies! Da ist digital die Hölle los! Wir haben halt zwei Enkerl, 3 und 5 sind sie. Zwei Enkerl, die Selina und den Geoffrey. Also, ich habe leider keine Fotos dabei, sonst würde ich sie herzeigen. Meine Frau vergisst immer, dass sie mir ein Foto mitgibt. Die Selina – Sommersprossen! –, und der Geoffrey – immer am Gameboy! Und dann immer: Opa, Opa … Opa, Autofahren! Süß, die Kids. Hinein mit euch, sag ich, hinein! Jetzt machen wir eine Spritztour. Fahren wir schnell an den Gardasee, runter und wieder zurück. Dann haben sie eine Gaudi und das Auto kommt an die frische Luft. Und für den Fall habe ich noch den Kid-Check-Alert rein, den Kid-Check-Alert, weil man weiß es doch, wie es ist …

Ich fahre wohin, jetzt treffe ich einen Spezi, der sagt: Du schau, da vorn ist eine Boazn! Wir haben uns lange nicht mehr gesehen, da trink ma schnell a Halbe! Und man weiß doch, … die Zeit vergeht … ein Bier vergeht. Aber jetzt kommts! Ich hab ja den Kid-Check-Alert im Auto. Automatisch, nach vier Stunden – präzise –, … auf meinem Handy: Es tanzt ein Bi-Ba-Butzemann! Dann weiß ich, die Enkerl sind noch im Auto drin, verstehst?

Also in das Auto, da geht kein Gramm mehr hinein. Da ist alles drin. Ich sag zu meiner Frau: Was willst du denn mit deinem Elfenbein? Du hockst doch bereits im Elfenbeinturm. Man muss doch auch mal Kompromisse machen. Ich mach doch auch Kompromisse! Jeden Tag mach ich einen Kompromiss, mit dir! Ist doch wahr, Herrgott-Sakrament!

Ich kann's ja ruhig sagen. Warum auch nicht. Als ich meine Frau damals kennengelernt habe, da war sie noch Fußgänger. Und diese innere Fußgängerei … die bringt die einfach nicht mehr raus! Ich habe sie jetzt in Behandlung. Ich habe meine Frau jetzt bei einem Therapeuten, beim ADAC-Psychologen. Das kostet zwar ein Schweinegeld … Und der sagt auch, das ist schwierig. Die Frau leidet an pedestrian-disease. Das ist eine Art GEHEC … oder so ein Virus.

Ich sage dir eins: Letzte Weihnachten – was man da mitmacht! –, ich wollte es gar nicht glauben, wie verwirrt diese Frau ist … Sagt sie, schau unter den Baum, ich hab dir was geschenkt. Ich mach die Schachtel auf. Weißt du, was da drin ist? Das glaubst du nicht! Für mich! … Wanderschuhe!

MEGALUDO

Frau Meisinger führt ein Spiel vor.

Ich hab zu Weihnachten für den Jean-Claude ein Spiel
erworben. Hoffentlich rümpft er nicht wieder die Nase.
Weil der Jean-Claude fragt immer gleich, wenn er ein
Spiel geschenkt kriegt: Ist das pädagogisch wertvoll? Der
hat ein derartiges Misstrauen, dass er bei einem Spiel
was lernen muss, ohne dass er's merkt. Er sagt immer, er
möchte bloß ein Spiel, wo man bloß spielt. Aber dieses
Spiel, hoffe ich, ist schon geeignet. Es ist ab sechs Jahren,
und man lernt nur sehr indirekt dabei. Es heißt Megaludo.
Also – *sie zückt ein dickes Regelbuch* – zum Beispiel hier,
wenn man diese Regeln liest, ich mein, sicher, da muss
man sich durchbeißen, aber … also hier, das sind die Er-
eignisfelder. Wenn man sich hier mit dem gelben Chip
aufhält, dann braucht man – das ist der Start – erst einmal
eine Unbedenklichkeitsbescheinigung vom Finanzamt,
und die kriegt man, wenn man eine Sechs würfelt, sonst
muss man eine Ereigniskarte ziehen und geht damit zum
Steuerberater, oder man flüchtet auf die grünen Felder,

weil die Fahndung droht. Man kann aber auch die Emergency-Bremse ziehen und fliegt nach Bolivien. Da muss man aber hier einzahlen, sonst, wenn man nicht zahlt, wird man operiert und verliert ein Auge. Na ja! Man kann aber auch einen Alarm auslösen und dann, wenn man einen Pasch wirft, nach Acapulco, oder man zieht eine Schicksalskarte – aha, hier steht: Rücke vor bis Wildbad Kreuth, und du kriegst eine kostenlose Mitgliedschaft in der CSU. Das hier sind die gelben Felder, da heißt's: Du bist im Paragrafendschungel, schieße dich frei! – Da! Achtung! Drogenkontrolle! Nimm den Passepartout und … was steht da? Rücke zwei Felder zurück, drrr – ui, das Börsentelefon: Bei Crash wirst du reinkarniert als Fleischfliege in einer Metzgerei. Hier auf dem schwarzen Feld dann – ach ja: Gratulation, du kannst das Spiel beenden, die anderen müssen weiterspielen. Es ist schon toll, was es heut alles gibt! Jetzt bin ich gspannt, wie er reagieren wird, der Jean-Claude …

DAS GESTÄNDNIS

Ja, ich möchte mich von Ihnen verabschieden, weil wir
werden uns ja über Weihnachten nicht mehr sehen, ich
hab selbst gedacht, dass ich Weihnachten selber außerhalb feiern kann, aber so bin ich halt dann drin, ich hab's
gedacht, weil ich eigentlich geständig war, ich habe ja
alles durchaus, also, angegeben, und es stimmt ja auch,
ich mein, ich steh dazu – ich, war für mich kein An-
lass, es nicht zuzugeben, ich habe über dreiundzwanzig
Jahre ohne Gewerbeschein und auch ohne Attest vom
Gesundheitsamt am Finanzamt vorbei, also illegal, die
Funktion des Nikolaus ausgeübt. Ich habe unter Vorspie-
gelung falscher Tatsachen einen heiligen Mann gemimt,
habe Schwarzarbeit begünstigt, weil ich einen Krampus
beschäftigt habe, der selbst nicht amal im Besitz eines
Psychotests gewesen ist und somit als Infantenterrorist
bezeichnet wurde, ich habe ihn dazu stimuliert, zur Vor-
teilsannahme, aber, wie gesagt, ich hab das ja alles zu Protokoll gegeben, und das wär's vielleicht nicht gewesen,
aber der Casus knacksus war eindeutig, weil man mich
beschuldigt hat, dass ich Kinderarbeit begünstigt habe,

weil ich meine Kinder dazu ermuntert habe, als Kaspar, Melchior, Balthasar ohne Genehmigung der katholischen Kirche Menschen, wildfremde Menschen zu sentimentalisieren und sich Vorteile zu verschaffen, und sie sind ja auch von der Polizei in flagranti erwischt worden, wie sie sterngesungen haben, die Beute ist auch von der Polizei sichergestellt worden: acht Mandarinen, ein halbes Pfund Nüsse und Bargeld in Höhe von neun Euro zehn, und ich, ich habe auch gesagt, auch das steht im Protokoll, ich bin jederzeit bereit, den Schaden wiedergutzumachen und, wenn ich wieder heraußen bin, eine Spende zu machen, ich spendiere ein halbes Pfund Spekulatius ans Finanzamt.

zwangssentimentalisiert Folterung, Tortur, insbesondere während der pränatalen Zeit; ungeschütztes Ausgesetztsein in weihnachtsbeschlumpften, jingle-verbellten Kaufhäusern und Glühweinschwaden

DER EINSAME

1. TEIL

Erwin und Käthe Böhm sitzen bei einem Beratungsgespräch im Wohnzimmer Frau Scharp gegenüber, die berät.

SCHARP Da, hier ist der Vincent Häberle, sechzehn Jahre alt. Er hat beide Eltern verloren. Das hat dann dem armen Jungen also dermaßen einen Schock verpasst, dass sich seine Entwicklung ganz stark verlangsamt hat.

ERWIN Was, an Deppn?

SCHARP Nein, er ist durchaus zurechnungsfähig. Der Arme ist halt ganz allein und a bisserle durcheinander seit dem schrecklichen Verkehrsunfall – beide Eltern, überlegen S' sich des amal.

KÄTHE Naa, sechzehn Jahr, der is ja praktisch a Jugendlicher.

SCHARP Ja, aber grade so ein junger Mensch braucht doch …

KÄTHE Naa, na ham mir da so an Jugendlichen umanandsitzn, da wüsstma ja gar net, was mir mit dem anfangen solln. Scho was Gesetzteres.

ERWIN Aber scho einsam, weil ma will ja helfn.

SCHARP *blättert* Hier nehmen S' doch da diese Frau Güldemet, zweiundvierzig Jahre, Reinigungskraft. Mutterseelenallein. Die ganze Familie ist ausgewiesen worden.

KÄTHE Na, koa Ausländerin. Ausländer scho vo Haus aus net, des ham mir ja glei gsagt. De soll doch hoamfahrn.

ERWIN Außerdem ham ja de gar koa Weihnachtn. De ham ja nur an Ramadan. Da lodn de mi ja aa net ei.

KÄTHE Wenn mir schon an Einsamen nehmen, muss er wenigstens gscheit Deutsch können.

ERWIN 's gibt doch gnua Deutsche, de wo einsam san. I war ja selber einsam. Des war, wo sie in der Urologischen war. Da war i einsam, des war a Weihnachtn, kann ich Ihnen sagen.

KÄTHE Drum macha mir ja des Ganze überhaupts, verstehn Sie?

SCHARP Oder hier, das hier wäre Herr Ottmar Dietz, Kraftfahrzeugschlosser. Hat einmal einen Fehler gemacht und ist dabei auf die schiefe Bahn geraten. Hat aber schon längst …

KÄTHE Naa, koan Zuchtheisler. Dieser Personenkreis kommt doch für uns nicht infrage. Mir macha des eh nur, weil ich war in der Urologischen vor zwoa Jahr, und mein Mann war damals furchtbar einsam, und mir is aa schlecht ganga, aber so a Personenkreis is doch indiskutabel. So oan dadn Sie doch aa net nehma, oder? Stimmt doch.

ERWIN Was ham S' 'n noch da?

SCHARP Vielleicht mehr aus dem Seniorenkreis?

ERWIN Naa, koan Dadderer.

SCHARP Nein, nein, hier, Herr Clemens Friedel, Oberst-
leutnant a.D., das ist ein sehr rüstiger älterer Herr.
Geistig frisch, also, der Mann ist vollkommen da, aber,
allerdings, wie schon gesagt, keine einzigen Angehöri-
gen mehr, alles im Osten gelassen.

ERWIN Ja, des klingt doch recht anständig, den könnt ma
doch nehmen zum ersten Advent.

SCHARP Wir betreuen Herrn Friedel schon seit Jahren.
Da hat's noch nie Schwierigkeiten gegeben. Herr Friedel ist sehr gesellig.

KÄTHE Moment – kann ich des Foto noch amal sehn?

SCHARP Bitte, gnä' Frau. *Reicht ihr ein Foto.*

KÄTHE Ja, aber Sie, der raucht ja, der hat ja a Pfeife im
Mund.

SCHARP Ja, Herr Friedel schmaucht gerne ab und zu vielleicht mal ein Pfeifchen …

KÄTHE Naa, so a Pfeifenrauch, der nistet sich ja dermaßen
fest, des is ja …

ERWIN Sie mog's net. Wissen S' – die Gardinen …

SCHARP Ja, aber man kann doch ab und zu schon mal ein
Pfeifchen …

KÄTHE Naa, fangen mir gar net an, mir ham doch gsagt,
a Nichtraucher. – Hamma net gsagt, a Nichtraucher?

ERWIN Doch, mir ham gsagt, a Nichtraucher. Ich rauch
ja scho seit fünf Jahr nimmer. Sie wern doch noch an
Nichtraucher ham?!

KÄTHE Ham S' koan Nichtraucher?

SCHARP Nichtraucher …

KÄTHE Es werd doch noch an Deutschn gebm, der wo
  net raucht, aber – sagn mir mal – einsam is.

ERWIN Halt einer, der für uns infrage kommt.

KÄTHE Irgendein Deutscher oder an Beamtn oder so, der
  wo halt aber aa einsam ist, aber scho was Anständigs.

SCHARP Nehmen Sie den Herrn Kusiek.

ERWIN Wie hoaßt der?

SCHARP Herr Kusiek ist Deutscher. Regierungshauptse-
  kretär bei der Bundespost. Da ham S' was Solides.

ERWIN Und der wär noch frei?

SCHARP Meines Wissens, ja. Soll ich Herrn Kusiek für
  Sie vormerken?

ERWIN Ja, wenn er einsam is, derf er kemma.

SCHARP Also nehmen Sie Herrn Kusiek …

KÄTHE Guat, nehmen mir 'n Herr Kusiek. Aber, Sie,
  wenn ich amal fragn darf: Wieso is 'n der einsam? Hat
  der irgendwelche Mackn?

SCHARP Herr Kusiek ist Junggeselle.

KÄTHE Also ja – aber des is dann schon irgendwie …

SCHARP Nein, nein, das geht hundert Prozent in Ordnung.
  Wir sind ja selber halb staatlich, und unsere Advents-
  patenschaftsaktion »Macht auf die Tür« ist ja auch mit
  den Landeskirchen koordiniert. Sie kriegen dann einen
  Vertrag von uns zugeschickt. Die Aufwendungen für
  den Einsamen, die Ihnen entstehen, können Sie auch
  steuerlich geltend machen. – So, dann hättn mir, glaub
  ich, alles. Herr Böhm, Frau Böhm, ich gratuliere zu so
  viel menschlicher Wärme und Großzügigkeit. Den Rest
  schick ich Ihnen dann zu. Also dann, Wiederschaun!

ERWIN Ja, Wiedersehn.

KÄTHE Wiederschaun, äh, hallo, Frau Scharp, äh, an Moment noch, aber, ah, Sie, äh, spätestens um halb elf muss er fei gangen sein, gell? Zweiundzwanzig Uhr dreißig is Zapfenstreich, spätestens!

ERWIN Is ja dann aa lang gnua. Weil irgendwia möcht ma ja aa mal sei Ruah ham, oder?

SCHARP Jaja, das machen wir dann alles schriftlich. Herr Kusiek kommt frühestens bei Anbruch der Dämmerung, verlässt spätestens zweiundzwanzig Uhr dreißig die Adventspatenschaft.

KÄTHE Genau, und dazwischen machen wir's ihm schön. Also, Wiederschaun!

SCHARP Wiedersehn!

ERWIN Wiedersehn!

2. TEIL

Im Fernseher läuft Werbung. Es klingelt.

ERWIN Mach auf, des is er.

KÄTHE Kimm halt aa mit, deanma 'n gemeinsam empfangen.

ERWIN Also guat – wie hat der ghoaßn?

KÄTHE Woaß aa net. Schaug halt im Vertrag nach.
  Es klingelt wieder.

ERWIN Jetzt mach halt auf.

KÄTHE Mach an Fernseher aus, wenn der Bsuach kimmt. Wia schaugt 'n des aus?! *Käthe öffnet die Eingangstür. Herr Kusiek steht in der Tür.*

KÄTHE Ja, guatn Abend.

KUSIEK Bin ich hier richtig bei Böhm? Ich komme wegen dieser Adventspatenschaft.

KÄTHE Ja, kemman S' eina.

ERWIN Wie war jetzt gleich der Name?

KUSIEK Kusiek, Wulf Kusiek.

ERWIN Wulf Kusiek, ja, stimmt. Steht aa do drin, Sie san's.

KUSIEK Ja, ich bin's.

KÄTHE Kommen S' doch rein, legen S' ab, dann machma's uns gleich gemütlich. − Erwin, leg amal die Platte auf. *Erwin legt Platte auf. Kusiek legt ab.*

ERWIN A bisserl a Atmosphäre.

KÄTHE Schön, gell?!

KUSIEK Schön.

3. TEIL

KÄTHE So, ja, Herr Kusiek, was is 'n? Schmeckt Ihnen der Stollen net? Mögen S' vielleicht a Plätzerl?

KUSIEK Nein danke.

ERWIN De san fei guat.

KUSIEK *knabbert an einem Plätzchen* Selbst gebacken?

ERWIN Naa, sie backt scho lang nimmer.

KÄTHE Die san vom Prima 2000 − mit Zimt. Sie kenna ruhig mehr ham. Mir lagern de kartonweise.

ERWIN Ab einem Karton hat ma's zum Sonderpreis. I find, de schmeckn fast besser wia selberbackn. − Vielleicht an Schluck Kaffee?

KUSIEK *winkt ab* Danke, nein, die Galle …

ERWIN Ah so …

KÄTHE Was?

KUSIEK Galle.

KÄTHE Ah ja, Galle. Dann vielleicht an Tee?

KUSIEK Nein danke, Tee erst recht nicht, das Herz …

ERWIN Ah so, es Herz. Is scho schwierig, gell?

KÄTHE Dann vielleicht an Schluck Wein, Herr Kusiek?
Mir kanntn 'n ja jetz scho aufmachn?

KUSIEK Bedaure, bin Diabetiker.

KÄTHE Ja, des is a Spätlese, des waar doch was … Vom
Prima 2000 ham mir 'n rausdaucht. Da kauft man recht
günstig ein …

KUSIEK Ach …

4. TEIL

Käthe zündet eine Kerze an.

KÄTHE So, Herr Kusiek, jetzt würd ich sagn, machma's
uns a bisserl feierlich. Des is ja der Sinn der Sache. –
Dreh d' Plattn um, Erwin.

ERWIN Mei, mir ham's halt gmacht, weil i woaß, wia des
is, wenn ma einsam is.

KUSIEK Ach ja.

ERWIN Weil des war vor zwoa Jahr an Weihnachtn. Da
war mei Frau in der Urologischen. Da war ich vielleicht einsam!

KÄTHE Ja, i scho aa. I war ja allein im Zimmer. De andern
ham ja alle hoam dürfn über Weihnachtn.

ERWIN I hab aa bloß drei Weißwürscht gessn. De hob i
halt grad dahoam ghabt.

KÄTHE Bei uns ham so Kapuzinermönche so Lebkuchen
verteilt.

ERWIN Ja, in der Urologischen hams Lebkuchen verteilt
an Weihnachten.

KÄTHE Naa, net nur in der Urologischen. Die ham aa in
der Chirurgischen und bei de HNO-Patientn, de ham
aa an Lebkuachn kriagt. *Sie wird immer gerührter.*

KUSIEK Ach so.

ERWIN Also, glaubm S' mir's, ich weiß, was a Einsamkeit
is. A Vollkornbrot hab i zu de Weißwürscht essn müssn,
weil net amal a Brezn da war.

Käthe fängt laut zu weinen an.

5. TEIL

KÄTHE So, Herr Kusiek, jetzt hol ich uns an Punsch.

ERWIN Is's scho so weit? Ja, Herr Kusiek, so is des.

*Kusiek holt ein Päckchen Zigaretten aus der Tasche. Zündet
eine an.*
Käthe kommt mit Punsch wieder.

KÄTHE So, jetzad. He, Sie, seit wann rauchen Sie? Mir
ham im Vertrag, dass Sie Nichtraucher sind.

KUSIEK Oh, Verzeihung. Macht die Zigarette wieder aus.

KÄTHE Na ja, i hab halt gmeint …

ERWIN I hab aa vor fünf Jahr aufghört. Es is wegn die Gardinen, und's is eh gsünder.

KÄTHE Aber einmal im Jahr dürfn S' doch auch amal a bisserl sündign, Herr Kusiek. Jetzt trinkn mir a Glasl Punsch, gell?

ERWIN Muaß aa mal sein. Is ja schließlich Advent. Prost, Herr Kusiek.

KÄTHE Auf Ihr Wohl. Na, schmeckt er?

KUSIEK Doch, sehr.

KÄTHE Des is a fertiger. Vom Prima 2000. I find, der is fast besser, wia wenn ma 'n selber macht.

6. TEIL

KÄTHE Schauts euch doch amal diesen Lichterglanz an. Was so a Kerze an Geborgenheit ausstrahlt.

ERWIN Ja, da kimmt des Elektrisch net mit. Gell, Herr Kusiek?

KUSIEK Ja.

KÄTHE Und dann san Sie praktisch ständig einsam?

KUSIEK Ja, leider.

ERWIN Ja, des dauert lang, bis ma sich daran gewohnt. Aber, ma gwohnt sich an alles. Der Mensch ist ein Gewohnheitstier. Stimmt's, Herr Kusiek?

KUSIEK Tja ...

KÄTHE Aber wenn er mal nimmer lebt, i glaab, i koch mir dann nix. Weil wenn ma aloa is, für was soll i dann kochn?

ERWIN Kochn Sie für Eahna dahoam, Herr Kusiek?

KUSIEK Kaum.

KÄTHE Gell, des rentiert si net?

7. TEIL

KÄTHE Ah, Herr Kusiek, dass mir's net vergessn: Sie müssen noch unterschreibn, dass Sie da bei uns warn.

ERWIN Wissen S', 's is nur wegam Finanzamt, weil nur dann kann ma des steuerlich absetzn, dass Sie da warn.

KÄTHE Mach amal a Licht, sonst sieht er ja nix, der Herr Kusiek.

KUSIEK Der Kuli schreibt nicht.

ERWIN Da, schreibm S' mit dem.

KÄTHE Was is, mögn mir jetz vielleicht a bisserl was Herzhaftes? Ich mach uns a Salamibrot oder so.

KUSIEK Nein, leider, der Magen.

ERWIN Ah so, der Magn. Aber mir bringst a Salamibrot, und na bringst ma glei a Bier. I konn des siaße Zeig nimmer sehn.

KÄTHE Aber vielleicht mag der Herr Kusiek noch an Punsch?

KUSIEK Nein, danke.

ERWIN *zu Kusiek* Oan, zwoa Schluck von dem Punsch, na kriag i allweil Sodbrennen.

KUSIEK Ich auch.

ERWIN Gell, Sie auch?

8. TEIL

Erwin und Käthe kauen am Salamibrot. Kusiek ist gerade nicht da.

KÄTHE Was moanst 'n, was der verdient?

ERWIN Mei, ah, vielleicht is er A zwölf oder …

Kusiek kommt gerade zur Tür herein.

KÄTHE *kaut noch* Mögn S' net doch noch vielleicht so a Salamibrot, Herr Kusiek? Des is wirklich ganz was Leckeres.

KUSIEK Nein danke, im Moment …

KÄTHE Diese Salami Mailänder Art is es Beste an Wurscht, was der Prima 2000 zum Bieten hat. Grad so in geselliger Runde schmeckt's überhaupt am bestn.

ERWIN Was kimmt jetz?

KÄTHE Mögn S' lieber an Krimi im Zweiten oder »Wer bin ich?«, des Ratespiel?

ERWIN Is ja wurscht. Schaun mir halt amal nei. *Er startet den Fernseher per Fernbedienung. Zu Kusiek* Is scho a Segen, so a Fernbedienung.

KÄTHE Im Dritten kammad so a oider Spielfilm.

KUSIEK »Mord im Orient-Express«.

ERWIN Gell, Sie schaun aa ab und zu?

KUSIEK Na ja …

ERWIN Mir schaun eigentlich ganz seltn.

Alle drei gaffen.

KÄTHE Aber wenn mir Bsuch ham, na schaltn mir meistens glei wieder aus.

ERWIN Was kimmt 'n im Zwoatn? *Erwin schaltet um.*

9. TEIL

ERWIN Was kimmt 'n im Österreicher? *Er schaltet per Fernbedienung um.*

KÄTHE Ja, Herr Kusiek, ich will Sie nicht drängen, aber jetz kemman dann gleich die Tagesthemen. Mir ham doch zweiundzwanzig Uhr dreißig verabredet – meines Wissens. Des soll also durchaus kein Rausschmiss sein, aber so allmählich …

ERWIN Wissen S', mir wolln halt aa amal a bisserl unter uns sein. Grad in der stadn Zeit braucht ma a bisserl a Besinnung. Aber es war doch durchaus nett, oder?

DER WEIHNACHTSNEGER

Also, mir ham uns heuer an Neger kommen lassen an Weihnachten. Des war im Zusammenhang mit dieser Aktion
»Brot für die Welt«. Also, ich mein, mir ham schon drauf
gschaut, gell, dass was Seriöses reinkommt. Er is uns ja eigentlich direkt vermittelt worn von der Landesboden-Kre-
ditanstalt, weil da ist er doch Assistent. Er hat alles kriegt,
net, also, mir ham ihm an Spekulatius, ham mir ihm ange-
boten, an Zopf, an Stollen, was vom Gebäck, also, er war
ganz begeistert. Und er is ja auch aus a sehr guten Familie,
er kommt aus Tschurangrati, sei Vater is irgendwie König
oder so was von Beruf, net. Und, ich mein, mir warn nicht
unzufrieden mit ihm, gell, er hat gessn, er hat gschaut, er
hat die Augen ganz weit und die Ohrwaschel gspitzt, weil
des is er ja net gwöhnt, a so a Weihnachtsfest. Aber dass
dieser junge Mensch, also aso, sagn mir amal, transpiriert,
net, also, dass er so schwitzt, da hat der Bappa, hat gsagt,
also, des is ja, des geht ja net, also an Weihnachten, und
da Bappa hat auch gsagt, mir nehmen's nächste Mal kein
Neger mehr, gell. Und der Bubi steht ja scho lang auf am
Indianer, also, 's nächste Mal nehmma mir uns an Indianer.

EIN LEBENSKÜNSTLER

Zwei Herren sitzen sich an einem Tisch in der Kantine des Al-
lianz-Versicherungskonzerns gegenüber. Der eine Herr spricht
den anderen an.

Na, schmeckt's? Ja, also, ich muss auch sagn, also, die De-
brecziner sind ja drüben bei der BMW besser. Gestern
ham mir ja, gestern, am Dienstag war des, ja, da ham
mir Kalbsragout bürgerlich ghabt, des hab ich aber drübn
gessn, in der Münchner Rückversicherung. Des war ganz
gut durch, also, es geht. Aber des Tiroler Gröstl bei der
AGFA, des is Spitze. Also des is einwandfrei. Gell. Und
so, sagn mir mal, was Deftiges, Wollwürste und so was,
da würd ich sagn, nur zum Siemens. Da würd ich gar
net woanders hingehn, net. Spaghetti Napolitain, des
kann ma mal am Mittwoch oder so essn, da geht ma halt
amal ins Kultusministerium rein oder zur Stadtverwal-
tung, nicht schlecht, aber sagn mir mal, auch net des …
Kaiserschmarrn am Freitag oder Forelle frisch, da würd
ich ja unbedingt versuchen, zur Landesbausparkasse rein-
zugehn, weil die sind nicht zu schlagen. Diese Forellen,

die sind also wunderbar, die zergehn auf der Zunge,
gell. Aber Weihnachten, da ess ich dann doch lieber daheim.

SATISFACTION

Weihnachten im Hahnhof. Jeden Tisch zierte ein Tannengesteck aus Plastik. Der Wein schmeckte wie sonst. Etliche Tische waren freigehalten für Betriebsangehörige, die mit dem Chef besinnlich einen Abend verbringen mussten, dienstlich, versteht sich. Wir selber gehörten zwar keinem Betrieb an, aber wir waren Stammgäste und hatten uns eigentlich täglich, den gesamten Advent hindurch, aus abendländischer Tradition dem Roten Ia gewidmet.

Mein Nachbar, ein gewisser Abendroth, bemerkte, er vertrage diesen Wein sehr gut und dies sei wunderbar, denn er habe eine Allergie, deren Ursache er noch herausfinden wolle.

Unsere Unterhaltung wurde plötzlich abrupt unterbrochen. Es strömte nämlich eine ganze Schwadron Korpsstudenten ins Weinlokal und belegte den langen reservierten Tisch vor uns. Sicher, sie lärmten ein bisschen, und sie sahen mit ihren Säbeln auch ein wenig befremdlich aus, aber ansonsten schienen sie harmlos, und ihren Reden zufolge waren sie gekommen, um sich auf die Weihnachtsfeier in ihrem Stammhaus vorzubereiten.

Die Augen meines Nachbarn Abendroth waren grün, und – ich täusche mich nicht – nach jedem weiteren Schoppen wurden sie grüner. Er starrte unentwegt auf die Korpsstudenten, die sich selbst, uns und das ganze Lokal beständig mit Lachsalven eindeckten und dazu auch noch stakkatoartig mit den Handflächen auf den Tisch droschen.

»Nicht mehr lange«, stöhnte mein Nachbar, »und dann singen die auch noch!« Seine Augen funkelten nun in solch einer Grünheit, wie man sie nur von Gespenstern aus der Geisterbahn kennt.

Er schüttete noch einen Schoppen Ia hinunter, stand dann auf und sprach halblaut: »Meine Allergie, da ist sie wieder!« Er deutete auf einen Korpsstudenten vor uns und knirschte: »Diesen da, den nehm ich!« Er beugte sich über den Mann mit Säbel und entleerte seinen gesamten Mageninhalt in das Genick des Korporierten. Vom Mittagessen bis zum Zeitpunkt des Entleerens war ich selbst Zeuge einer Leberspätzlesuppe, eines Rumpsteaks mit Röstkartoffeln und Salat, sodann Quark mit Zwiebeln, drei Senfbroten, Weihnachtsgebäck, zwei Marzipanlebkuchen sowie neun Schoppen Ia.

Der Korpsstudent erstarrte, die Lachsalven erstarben, und die Weihnachtsstimmung gefror. Abendroth eilte nun, nach der Tat, zielstrebig zur Toilette, um seine Allergie noch zur Gänze auszukurieren.

Der Student wand sich mühsam und von Ekel geschüttelt aus seinem besudelten Wichs, folgte dann dem Täter und trommelte wütend mit den Fäusten gegen die Klotür: »Satisfaktion, du Schwein, du elendes! Ich verlange Satisfaktion!«

Abendroth würgte nur ein dankbares »Uääh – ruhgh – uääh!« hervor, denn er hatte die Ursache seiner Allergie gefunden.

SINGLE BELL

Im achten Stock im Block D wohnt Herr Matschl. Sein Zweizimmerapartment hat siebenundvierzig Quadratmeter, ist also doch relativ geräumig. Außerdem verfügt es noch über eine Loggia, welche im Winter den Kühlschrank ersetzt.

Der Wohnraum lässt es jedenfalls zu, dass auch dieses Jahr wieder ein Christbaum die Weihnachtlichkeit unterstreicht.

Herr Matschl ist geschieden, seit sieben Jahren, und das Single-Dasein findet er inzwischen, ja, sagen wir, ganz o.k.

Kinderlos und auch sonst mit ziemlich wenig Kontakten ausgestattet, verbringt er die Zeit, die nach der Arbeit anfällt, innerhalb seiner siebenundvierzig Quadratmeter.

Noch verheiratet, war immer er es gewesen, der den Christbaum ausgesucht und in der damaligen, immerhin Achtundsechzig-Quadratmeter-Wohnung aufgestellt und geschmückt hatte. Aus irgendeinem Grund ist das Volumen des Baumes seit dieser Zeit immer dasselbe geblieben. Obwohl Matschl nun allein ist, hat der Christbaum exakt die Maße wie ehedem. Den Kampf um den Schmuck hat er damals bei der Haushaltsauflösung eindeutig für sich entscheiden können.

Jetzt erleben wir Herrn Matschl, wie er dabei ist, den Baum zu schmücken, und wie er dazu ein Weihnachtslied, nämlich »O Tannenbaum«, summt. Gleich wird er den Videorekorder einschalten, und wir werden im Fernsehen sehen, wie er den Christbaum schmückt und im gelb gestreiften Hemd »Stille Nacht« summt.

Routiniert und entschlossen schmückt Herr Matschl in grauer Wolljacke seinen Baum, hie und da beiläufig in den Video schauend, wie Matschl sich, unverdrossen Christbaum schmückend, im Vorjahr ebenfalls als Christbaumschmücker betätigt hat.

Nun schaltet Herr Matschl die Kamera ein und nimmt auf, also dokumentiert, was er sich nächstes Jahr, dann, wenn er seinen Christbaum schmückt, anschauen wird: Nämlich, wie er dabei ist, den Christbaum zu schmücken, und betrachtet, wie er damals, also heute, den Christbaum geschmückt hat. Aber das wird er sich – also, wie er jetzt den Christbaum schmückt – nächstes Jahr anschauen.

Nun jedoch schmückt er seinen Baum und schaut sich an, wie er ihn letztes Jahr geschmückt hat. Im Moment vernimmt er christbaumschmückend, wie er »Stille Nacht« gesummt hat, und wie er jetzt »O Tannenbaum« summt, das wird er sich ansehen, wenn er nächstes Jahr den Christbaum schmücken wird.

Da klingelt es. Herr Matschl geht an die Tür und öffnet. Weihnachten steht vor der Tür in Gestalt von Herrn Ott, einem Single aus dem elften Stock. Er hat seine Kamera dabei und ist bereit aufzunehmen, wie Herr Matschl die Kamera einschaltet, wenn er dann aufnimmt, wie er den Christbaum schmückt.

Herr Ott sagt: »Frohes Fest!« Herr Matschl ist gerührt: »Mein Gott, Herr Ott! Sie schickt wirklich der Himmel!«

»Keine Ursache!«, sagt Herr Ott. »Ich versteh schon, ist doch klar!«

Privatdokumentarismus Zehn Weihnachten werden als Weihnachtsgeschenk auf zehn Stunden Film zusammengeschnitten. Man schaut sich Weihnachten an, während man filmt, wie man sich an Weihnachten Weihnachten anschaut.

SCHÖNE BESCHERUNG

Wie man weiß, ist der Höhepunkt des Heiligen Abends die Bescherung. Der Zeitpunkt, wann sie stattfindet, kann variieren. Sie kann stattfinden vor der Weihnachtsansprache des Bayerischen Ministerpräsidenten oder auch nachher, das wäre dann vor der Rede des Bundeskanzlers und der des Bundespräsidenten. Manche Menschen bescheren erst, nachdem sie alle Reden zu sich genommen haben und der wahre Weihnachtsfrieden dann echt eingekehrt ist. Für ein Kind ist besagter Zeitpunkt weichenstellend, und gar schicksalhaft kann sich die Dramaturgie eines Heiligen Abends auf das individuelle Glück eines solchen auswirken.

Ich wohnte im dritten Stock, und unter mir im zweiten – genau unter mir – wohnte mein Kindkollege Herbert K.

Unwiderruflich war es Heiliger Abend geworden. Durch die Zimmerdecke des Altbaus drangen die Entzückensschreie meines Spezis. Es wurde beschert.

»Ja, hört das denn gar nicht mehr auf!«, dachte ich gequält und vergaß fast, dass ich selber ja die Bescherung noch vor mir hatte. Mich überfiel eine abgesicherte Ahnung, dass dieses Fest so ablaufen würde wie jedes Jahr, und ich fing an zu schwitzen. Kaum waren die Freudenschreie unten versickert, ging's bei mir oben los. Nur, fürchte ich, nicht so lang.

Der Baum brennt. Ich selbst, im Taumel der Beschorenheit, zähle noch mal die Leistungen des Christkinds nach – da klingelt's auch schon an der Türe. Ich zucke zusammen, atme durch und öffne. Unvermeidlich wie eine Naturkatastrophe steht er vor mir, der Herbert K., mit strengem, prüfendem Blick, einen Notizblock und einen Bleistift in der Hand.

»Und?«, fragt er. »Wie schaut's aus heuer?«

»Äh … sehr gut!«, antworte ich windelweich. »Doch … ziemlich gut!«

»Na ja, dann schaun mir amal!«, sagt er und betritt wie ein Gerichtsvollzieher unser Weihnachtszimmer. Ich reihe alle Präsente auf, lüfte auf Wunsch manche Verpackung, um eine realistische Preisvorstellung zu ermöglichen.

Herbert K. notiert.

»Da hab ich noch eine Weiche für die Eisenbahn!«, sage ich mit enger Stimme.

»Die hab ich schon!«, kommt die trockene Antwort. »Ist das alles?«

»Na ja, ist doch nicht schlecht, oder?«, höre ich mich, verzweifelt Zustimmung heischend, sagen. Doch Herbert K. rechnet bereits, flink wie in der Schule.

»Zweiundachtzig Euro zehn! Viel mehr wie voriges Jahr ist es auch nicht!«, konstatiert er.

Ich weiß, dass er recht hat. Besondere ökonomische

Kausalitäten meiner Familie haben sich heuer folgenschwer für's Christkind ausgewirkt.

»So, jetzt gehma nunta!«, fordert Herbert. Stumm folge ich in den zweiten Stock. Schweren Herzens betrete ich den festlichen Raum. Die Präsente sind pyramidenartig aufgetürmt. Wortlos drückt mir mein Freund das bereits vorbereitete Notizblatt in die Hand.

»Du kannst alles nachkontrollieren! Hundertzehn Euro gradaus!«

»Nein, nein, ich glaub's schon«, winke ich ab. Da erhellt ein Hoffnungsstrahl meine Gedanken.

»Du, ich hab's fast vergessen! Ich krieg noch fünfzig Euro von einem Onkel, wenn er kommt!«

Unerbittlich werde ich abgeschmettert. »Was nicht unterm Baum liegt, wird nicht berechnet.«

Da hatte ich die Bescherung. Im Radio beendete der Ministerpräsident gerade seine Ansprache und wünschte allen – auch den Kindern – fröhliche Weihnachten. Bis zum nächsten Jahr.

DIE WEIHNACHTS-
GRATIFIKATION

Eine Rentnerin moniert.

He, Sie, hallo, hallo, wo bleibt denn meine Weihnachts-
gratifikation? He, ja, Herrschaft, hallo, es geht um meine
Weihnachtsgratifikation. Ja Herrschaft, ist da niemand da?
Meine, meine Weihnachtsgratifikation zu Weihnachten.
Ja, Sie, wo bl… Sie, hallo, meine Weihnachtsgratifikation.
Ich, ich erhalte eine Weihnachtsgratifikation von sieben
Euro sechzig, wo, ich meine, wo ist denn die?

EIN LICHTLEIN BRENNT

Elmar Heiduk in seinem Wohnzimmer vor dem Fernseher.

Jetzt muss ich direkt sinnieren. Das war am 2. Abfent. Ich glaube, es war der Abfentssonntag. Das war der Spielfilm, wo der da hängt. Mit einer Hand am Hochhaus. Dann nur noch mit vier Fingern, dann mit drei, hehe, und dann ist doch der Onkel von dem Mafioso vorbeigekommen, und ist ihm mit den Lederstiefeln draufgetreten. Ja, und dann ist er runter. Unten ist er aufgepflatscht. Filmisch durchaus gut gemacht, obwohl es nur schwarz-weiß war. Die haben früher auch gute Filme gemacht.

Das war also am 2. Abfent. Und am Donnerstag war ja dann, das war nicht so interessant, das war die weihnachtliche Volksmusik aus der Mongolei, das hat mich nicht so interessiert. Ich bin dann doch noch ein bisserl spazieren gegangen. Wissen's da draußen, wo sie das neue Möbelcenter hingestellt haben. Also wenn der Telefonmast aus Holz nicht dagewesen wär, dann wär's nicht angebrannt. Ich musst dreimal mit Spiritus … Ist dann aber doch noch angebrannt … hehehe … weil ein bisschen Wind auf-

gekommen ist. Ich hab's mir dann noch zu Hause ange-
schaut, wie es gebrannt hat. Das hat geknistert! Das war
ein richtiger Großbrand!

Ja, das war am Donnerstag. Weil die Woche davor war
doch diese eine Sendung. Ach ja – Besucher aus dem All.
Das war toll. Da wo die Marsmenschen, oder was des
warn, die haben doch da dem andern die Händ abge-
hackt, und die Eingeweide haben's ihm rausgerissen, und
dann haben's es in eine Friteuse rein und haben's gegessen.
Des war so rösch, des hat so geknuspert – wie so Chips.
Aah, des war toll. Ich hab's auch gleich aufgenommen auf
Video.

Ja, und dann war da noch eine Sendung über die Ge-
schichte des Weihnachtsstollens. Das interessiert mich gar
nicht. Ich bin dann noch ein bisschen spazieren gegangen,
da draußen, wo sie das Teppichland hingestellt haben. Ich
hab auch ein wenig Spiritus mitgenommen, aber dann –
wie ich hingekommen bin – hat das Teppichland schon
gebrannt! Lichterloh! Da ist dann ein älterer Herr auf mich
zugekommen, mit einem Benzinkanister in der Hand, wir
haben uns dann gemeinsam auf ein Bankerl gesetzt und
zugeschaut, wie es brennt, und dann hat der Herr gesagt:
»Sie, wir sehn uns dann jetzt wohl doch öfters.«

Was gibt's denn heute im Fernsehen? Wahrscheinlich
so ein Weihnachtsgwitz, gell. Die bringen immer diese
Gwitze. Naja. Die haben doch da draußen jetzt dieses
Hobbycenter hingestellt, und den Baumarkt. Ich geh
wohl ein bisschen spazieren.

Nikolausität Autoritätssterben, verursacht durch Coca-Cola-Schlümpfe

VORSICHT, NEUJAHR!

Liebe Spekulanten, Ministranten und Quotanten!

Wiederum, oder besser, abermals, oder lassen Sie mich sagen, auf 's Neue steht uns, um es altmodisch zu sagen, das event before. Vor unseren Augen verblasst, verbleicht, verjährt sich ein Jahr, als ob es schon immer so gewesen wäre. Da stellt sich einem doch unweigerlich die Frage: Ja, wo ist es denn geblieben?

In aller Bescheidenheit – ich weiß es! Und ich werde es Ihnen auch sagen: beim Steuerberater, im Leitzordner!

Das heurige Weihnachten war wieder ein voller Erfolg. Die Tante Wally hat Fingerhandschuhe und ein paar Mietwohnungen in Leipzig geschenkt gekriegt, der Onkel Rudi eine Flasche Wein und eine Seenplatte in Mecklenburg. Meine Frau wollte schon immer gern den Stechlin haben, der war aber leider bereits vergriffen, dafür hat sie dann halt den Oderbruch bekommen und ein Parfüm wie jedes Jahr.

Nur dem Vati ist es immer schwer, was zu schenken. Er mag nichts im Osten – na ja, dann kriegt er halt im nächsten Jahr ein Männerhouse in Florida.

Gleich werden jetzt Scharen von Politikern uns ihre Wortdressuren vorführen wie »Kontinuität darf nicht außen vor bleiben« oder »An die Zukunft glauben, heißt, Vertrauen schaffen« und »Ja zur Solidarität mit der Herausforderung!«. Da kann ich zustimmen. Ein Politiker ist immer eine Herausforderung, vor allem, wenn er mit einem solidarisch ist. Dass aber mein persönlicher Kanzler als mein Repräsentant extra wegen mir, nur um mich zu repräsentieren, auf eigene Kosten nach China gefahren ist, und das noch in diesem Jahr, wo er doch im nächsten so viel zu tun haben wird, erfüllt mich mit Dankbarkeit. Sehr bewegt hat mich auch, dass mein Ministerpräsident, um meine Geschäfte in Südafrika zu promoten, wegen meiner, also mir, sich dort hat blicken lassen. Das nenn ich Solidarität! Derweil hätt's das gar nicht gebraucht in meinem Fall, weil ich ja Tretboote verleihe und Südafrikaner nur spärlich zu mir kommen.

Dieses Jahr war vor allem ein Jahr der Kontinuität wie bei meinem Bekannten, einem Konservativen, einem echten Traditionalisten, der sagt, er hat schon vor Jahren keinen Kredit mehr von der Bank bekommen, so auch dieses Jahr, und auch im nächsten Jahr wird sich daran nichts ändern, da ist er – Euro hin, Ecu her – zuversichtlich.

Aber was ist schon ein Jahr? Gerade noch war der Nikolaus da mit seinem Gabensack, da steht schon wieder der Gerichtsvollzieher vor der Tür. Wenn uns die Veterinäre versichern, dass ein Menschenjahr gleich sieben Hundejahre ist, vermute ich, dass es unter den Hunden auch welche gibt wie mein Spezi, der hats gerade noch in diesem Jahr geschafft, auf Anraten seines Steuerberaters rechtzeitig in die CSU einzutreten, weil er eine Verlustzuweisung braucht, und charakterlich kann er's dann auch absetzen.

Wenn jetzt dann gleich die unzähligen Moderatoren in den Programmen vor Enthusiasmus in die Höhe hupfen wegen Silvester und wenn's dann kracht, nehme ich meinen Laptop und errechne, für wie viel Geld mein Nachbar hinaufschießt. Jedes Mal, wenn einer »aaaah« schreit, weiß ich, was es kostet. Anschließend beteilige auch ich mich am Feuerwerk. Punkt zwölf Uhr öffne ich umsichtig eine Streichholzschachtel, entnehme besonnen ein Zündholz; mit dem linken Zeigefinger spanne ich es auf die Reibfläche, dann schnalze ich es mit dem Mittelfinger der rechten Hand in die Luft, wobei es sich inflammiert. Diesen Vorgang wiederhole ich zwei- bis dreimal, weil er beeindruckend preiswert ist und die Symbolik trotzdem erhalten bleibt. – So schnell verglüht ein Jahr!

Was aber wird uns das neue bringen? Das Dreiliterauto? Vielleicht lauert aber auch schon ein Attentäter mit einem Zweiliterauto auf uns! Mit einem Hundertlitertank!

Ja, wann, frag ich Sie, komm ich denn dann noch zum Einkaufen in meinen Tankshop? Ich muss doch auch leben! Ich kann mich nicht wie sogenannte Kunstmaler hinstellen, ein Bild herzeigen und auch noch Geld dafür verlangen, oder wie diese Kleinkunsttheater, die eine Subvention wollen, bloß dass man zu ihnen hineingeht. Ganz zu schweigen von diesen Musikern, die sich in Konzertsälen einnisten wollen auf unsere Kosten, wo doch ein jeder weiß, dass Musik in den Radio gehört und umsonst ist. Da sagen die, wegen live – wo ich doch selber live bin; weil ich besitze eine Schüssel, und wer eine Schüssel auf dem Dach hat, braucht keinen Riss mehr im Hirn. Ich kenne die Welt, und wer sie kennt, der weiß, dass sie zu uns kommen will – da brauchen wir doch nicht zu ihr hin! Ich selber habe den festen Vorsatz, ich werde mir auch im neuen Jahr kein Bild kaufen, und in ein Theater bringen mich keine zehn Pferde hinein. Warum auch, die ganze Welt will doch so sein wie wir – das sieht ihr ähnlich. Und wir waren uns früher viel ähnlicher als heute, und auf dass wir uns im nächsten Jahr noch ähnlicher werden, darauf trinke ich.

Vorsicht, Neujahr!